母子平安

——月嫂科学护理指南

产妇护理 新生儿护理 新生儿意外伤害的防范

MUZI PING'AN

—YUESAO KEXUE HULI ZHINAN

任晖 ◎ 主编

兰州大学出版社

图书在版编目（C I P）数据

母子平安 : 月嫂科学护理指南 / 任晖主编. -- 兰州 : 兰州大学出版社, 2014.9
ISBN 978-7-311-04581-4

Ⅰ. ①母… Ⅱ. ①任… Ⅲ. ①产褥期－护理－指南②新生儿－护理－指南 Ⅳ. ①R714.6-62②R174-62

中国版本图书馆CIP数据核字(2014)第233769号

策划编辑 施援平 王曦莹
责任编辑 施援平 谢 芮
封面设计 管军伟

书 名 母子平安——月嫂科学护理指南
作 者 任 晖 主编
出版发行 兰州大学出版社 (地址:兰州市天水南路222号 730000)
电 话 0931-8912613(总编办公室) 0931-8617156(营销中心)
0931-8914298(读者服务部)
网 址 http://www.onbook.com.cn
电子信箱 press@lzu.edu.cn
印 刷 甘肃兴方正彩色数码快印有限公司
开 本 710 mm×1020 mm 1/16
印 张 10.75
字 数 117千
版 次 2014年11月第1版
印 次 2014年11月第1次印刷
书 号 ISBN 978-7-311-04581-4
定 价 42.00元

编写委员会

序 言

相比传统理念，现代家庭结构和人际关系发生着深刻的改变，年轻一代对现代化生活品质有着独到的见解，对优生、优育尤为重视，对母婴护理的质量也有着越来越高的要求。但是，受医院护理条件限制、护理人员短缺等客观因素的制约，目前产后家庭对月子的护理远远不能满足实际需求。因此，“月嫂”这一职业便应运而生并迅速走俏市场。

作为专门从事护理产妇与新生儿的一项新兴职业，月嫂有别于一般的家政服务人员，属于高级家政人员的范畴。月嫂的工作集保姆、护士、母婴保健师、早教师、厨师等角色于一身，肩负着母婴健康安全“保驾护航”的重任。月嫂职业一般要求是专业母婴护理人员或者从业者亲身经历过妊娠和分娩，有一定的育儿经验，具有服侍产妇、育养婴儿的专业技能并了解相关的理论知识，具有高度的责任心和爱心，身心健康、熟练家务。正因为月嫂有过分娩、育儿的经历，所以她很容易与产褥期妇女沟通交流，有助于产妇心理稳定状态的维护和自信心的建立，加上月嫂熟练的护理技能，不仅能协助产妇身体恢复、协助产妇哺育婴儿、为母婴提供适合其身心健康发展的整体护理，而且还能帮助、指导产妇的家庭成员学会看护产妇和孩子的技能。因此，月嫂的出现，既标志着社会需求的个性化、现代化，也表征着人类护理需求的细节化、系统化。

新兴的月嫂行业目前还处在完善发展阶段。有些月嫂没有从事过专门的护理工作，对产妇和新生儿的护理知识及专业化的操作内容缺乏基本的了解，没有参加过专业系统培训就匆忙上岗，在工作过程中容易出现问题。这些问题一方面影响着用户的评价及月嫂这一职业的声誉，另一方面也容易造成用户和月嫂从业者之间不必要的法律纠纷。因此，《母子平安——月嫂科学护理指南》一书的编写和出版凸显了其时代价值和现实意义。

《母子平安——月嫂科学护理指南》一书在坚持“科学性、先进性、实用性、通俗性和趣味性”的同时，遵循“贴近母婴、需要实用、简单易行”的编写理念和原则，使用简洁的语言、彩色的图片和手册式章节叙述的方式，深入浅出地阐述了月嫂护理母婴所需要的基本知识和工作内容。相信该书的出版，能够为现代月嫂提高护理水平、增强护理技能、进军“金牌月嫂”提供一定的、有益的参考。

甘肃省卫生和计划生育委员会主任

刘维忠

2014年9月

前　言

孩子是上苍赐给每个家庭最美好的礼物。无疑,月嫂是这一美好礼物的时代呵护者。鉴于目前月嫂从业人员的工作实际和文化基础,我们在编写此书时尽量避免各类医学教科书、母婴护理指导用书等教材式的编写模式,力求简化母婴护理医学理论、淡化专科系统意识,优化整体结构、做到广度与深度适当。全书运用较为轻松简洁的语言、贴切的彩色插图,详细介绍了月嫂的基本工作内容及其所应掌握的母婴护理技能。

全书分为产妇的护理、新生儿的护理和新生儿意外伤害的防范三个模块,以月子里产妇和新生儿常见的生理现象及异常表现为线索,全面分析了其发生的原因,并分类介绍了各种应对的处理方法。第一模块"产妇的护理"重点介绍了产妇的衣着、修养环境、个人卫生、形体恢复、产妇常见的症状、母乳喂养指导、乳房的护理、产后抑郁症的疏导、月子餐的制作、剖腹产产妇的护理等;第二模块"新生儿的护理"详细介绍了新生儿用品的清洗和消毒、新生儿常见的生理状态、护理新生儿的各种技能、人工喂养指导、新生儿身体的护理、新生儿常见疾病的预防和护理等;第三模块"新生儿意外伤害的防范"重点介绍了新生儿烫伤、呛奶和窒息的防范。全书配有两百多张彩色插图,对内容形象化、具体化,尤其是操作指导,每一步都有简洁准确的文字注释和贴切的图片相伴,不仅凸显了本书的“科学性、先进性、实用性、通俗性和可操作性”，还增添了学习的趣味性和自学的有效性。全书在“贴近母婴、需要实用、简单易行”的编写理念指导下，就如何“轻松做月嫂”进行了分类而细致的解读，旨在培养月嫂掌握基本的医学知识及母婴护理技能，为产妇和新生儿提供优质、高效的专业护理服务，保障母子顺利健康地度过月子。

该书既可以作为教材满足月嫂服务中母婴护理的理论和实践的需求，又可以作为参考书对医院、社区等医疗机构中从事妇幼治疗、保健和护理工作的医护人员提供一定的借鉴和帮助，亦可以作为产后家庭自我护理的指导用书。

本书编写过程中得到了甘肃省卫生和计划生育委员会、兰州大学第二医院、甘肃省妇幼保健院和甘肃卫生职业学院的大力支持，在此表示诚挚谢意。由于时间仓促和作者经验的不足，书中内容和编排难免有疏漏和不妥之处，敬请使用本书的广大月嫂工作者和读者不吝指正，以便再次修订时改进和完善!

目　录

产妇护理

新生儿护理

新生儿意外伤害的防范

产妇护理

经过曲折艰辛的十月怀胎，经过惊心动魄的分娩大战，产妇的身心极其疲惫。如何帮助产妇调整心态，转换角色，如何帮助产妇顺利康复，恢复孕前状态，是产褥期全家人的一件大事。伺候月子，不仅要科学安排产妇的衣着、饮食，还要注重产妇居住环境的合理和舒适；不仅要正确指导产妇进行母乳喂养，还要留意乳汁多少的变化；不仅要观察产妇的表现，还要学会处理常见症状；不仅要保证产妇的休息，还要引导产妇适当锻炼身体。只有这样，才能使产妇心情愉悦，身体各器官如期恢复。

一、产妇的衣着

产妇的衣着以宽大、柔软舒适、厚薄适中、清洁卫生、温暖适度为原则，要彻底改变民间“捂月子”的陈规陋习。产妇褥汗多（特别是产后10天内），乳汁经常溢出至衣服上，干燥后衣服变硬易擦伤乳头。所以，产妇的衣服还要勤换、勤洗。

（一）衣服的质地

衣服应选择棉、麻、毛、丝、羽绒等纯天然材料，它们具有吸湿、保暖、柔软舒适、透气性好等优点（见图1-1-1）。

图1-1-1　宽松棉质的衣服

(二)衣服要宽大

产妇衣服应宽大,以能自如活动为好。紧身衣、牛仔裤等装束不利于血液流通,不利于产妇的活动和产后身体恢复。

(三)衣着厚薄要适中

产妇的衣着应随气候变化适当增减。产妇活动较常人少,衣着应较常人适当添加一两件衣服即可。

1. 夏季不一定要穿长袖衣服、长裤,不用戴帽子,要预防中暑。

2. 冬季暖气房间,睡眠时穿普通厚度开襟睡衣即可;被褥厚度适当,不要睡起浑身是汗;被褥要勤晒、勤换,以使产妇感觉温暖、舒适。

3. 春秋季天气变化无常,衣服的选择应根据温度的变化及时增减。

(四)佩戴合适的胸罩

产妇在哺乳期应佩戴大小合适、不戴钢圈、前开口的棉制吸水胸罩,起到支撑乳房、方便哺乳的作用。如果胸罩不合体,不仅影响乳房的血液循环,影响乳汁的分泌,而且影响乳房的外形(见图1-1-2)。

图1-1-2　胸罩

（五）穿棉质、宽松内裤（见图 1-1-3）

图 1-1-3　内裤

（六）穿轻、软的鞋

选择柔软的平底布鞋为佳，不宜穿拖鞋或高跟鞋，以防受凉或腰椎生理曲度发生改变（见图 1-1-4）。

图 1-1-4　柔软的鞋

(七)穿棉质袜子

棉质的袜子吸汗能力强,透气。袜子的开口部松弛,有助于血液循环。袜口过紧会影响静脉回流,使局部出现水肿(见图1-1-5)。

图1-1-5　棉袜

(八)帽子

产妇在房间内不需要戴帽子,如果暂时换房间停留或外出时,可考虑佩戴棉质帽子,两边遮住耳朵(见图1-1-6)。

图1-1-6　帽子

二、产妇的休养环境

一个安全、优雅、舒适的休养环境,关系到产妇的身心变化。在可能的条件下,家人应尽量避开有害因素的影响,为母儿健康、顺利地度过产褥期打造一个温馨、舒服的月子房。

(一)房间的选择

因为产妇的体质和抗病力都较弱,月子房应选择朝向好、采光明暗适中、光照好、通风条件好的房间。产妇的房间应避免与厨房、卫生间等有油烟、异味的房间相隔太近,产妇房间的窗户应避免靠近垃圾站等排放异味的场所(见图 1-2-1)。

图 1-2-1　温暖洁净的月子房

(二)房间的清洁

1. 房间的准备应该在孕妇进医院待产时开始,家人要对居室进行一次大扫除,把平时打扫卫生时留下的死角打扫干净;

2. 产妇出院前,用3%的来苏水(200 ~ 300 mL/m^2)或84消毒液湿擦或喷洒室内地板、家具和2 m以下的墙壁,关闭门窗,2小时后通风;

3. 床褥在阳光下直射6小时可以达到消毒的目的;

4. 室内物品摆放整齐;

5. 墙壁可悬挂几幅风景画,装点房间。

总之,产妇的房间应布置得舒适、安全、清洁、卫生,不追求奢华富丽。

(三)房间的温度、湿度

1. 温度和湿度:产妇的房间温度、湿度要求严格,建议在产妇房中放置一个测试温度和湿度的仪器。冬天房间温度18 ~ 25 ℃,湿度30% ~ 50%;夏天房间温度23 ~ 28 ℃,湿度40% ~ 60%。

2. 室温过高:如果房间温度过高,室内外温差过大,产妇易感冒。而且,过高的室温会使室内空气异常干燥,破坏体内的温、湿度环境,影响产妇的体液分泌。不仅让产妇感到浑身燥热,还会出现呼吸困难,眼、耳、口、鼻、喉、皮肤等处有异常干涩的感觉。

3. 室温过低:如果房间温度过低,则会使人体代谢功能下降,脉搏、呼吸减慢,皮下血管收缩,皮肤过度紧张,呼吸道抵抗力减弱,容易诱发呼吸道疾病。

4. 通风换气:产妇的房间应经常通风、换气,即使是冬季,房间也要定时开窗换气。开窗换气前,妈妈和宝宝可以先去其他房间休息,避免直接着风感冒。

5. 夏季降温：高温的夏季可以借用空调、电风扇降低房间温度。但是，使用空调时温度不宜过低，使用电风扇时不宜直吹产妇。

6. 保证湿度：在干燥的地区，为了确保居住环境的舒适，可以在室内放盆凉水或使用加湿器，以调节房间湿度（见图 1-2-2）。

图 1-2-2　温度湿度计

（四）房间的清洁消毒

1. 卫生：要保持产妇房间的清洁卫生，每日的清扫消毒异常重要。如果室内空气不流通，室内卫生状况差，空气污浊，易使产妇和婴儿患呼吸道等感染性疾病。

2. 通风：房间每日的开窗通风是必不可少的。

3. 清洁消毒：产妇房间清洁消毒时要先请产妇和宝宝离开。室内除尘、清理杂物、整理卧具之后，关闭门窗，用 84 消毒液喷洒地面并擦拭桌椅等室内用具，5 ~ 10 分钟后开窗通风，至少 20 分钟。若消毒液气味未散尽，可继续通风至无味。关闭门窗，待室温达到 22 ~ 26 ℃时，请产妇和宝宝回房休息。

4．醋熏法：整理好的房间也可以用醋熏法进行消毒，但是同样需要开窗通气。

5．依次消毒房间：建议整理消毒房间时，一间一间地进行，不要同时消毒几间或所有房间，以免影响产妇和宝宝的休息和安全。

6．卫生间的卫生：保持卫生间的清洁卫生同样不可忽视，要随时清洗大、小便池，以免产生臭气，污染室内空气。定期进行消毒，防止其成为病原菌的滋生地（见图 1-2-3、图 1-2-4）。

图 1-2-3　家居的清洗消毒

图 1-2-4　房间通风

三、产妇的个人卫生

因为产后前几天汗腺活跃，产妇大量出汗，同时阴道恶露量亦多，不及时清洗和更换衣物，极易导致产妇感染。因此，产妇应注意卫生，勤洗澡、洗头、洗脚，清洁外阴。经常清洗全身，能促进全身血液循环，加速新陈代谢。而且，汗腺孔的通畅，不仅有利于体内代谢产物随汗液排出，还可以调节自主神经，解除肌肉和精神疲劳，有利于产后的体力恢复。因此，产妇必须确保全身卫生，避免月子期间发生感染。

（一）刷牙

1. 表现：产妇坐月子时因饮食结构改变，饮食次数增多，留在牙缝中的食物残渣增多，易发酵变酸，侵蚀牙釉质，形成龋齿，导致牙髓炎、牙周炎等牙科疾病的发生。

2. 护理：加强口腔护理和牙齿保健。产妇每天早、晚应该用温水刷牙，餐后用淡盐水漱口。刷牙要用温水，牙刷先在温水里泡软再刷。牙刷最好选用软毛的，避免伤到牙龈。尼龙材质的牙刷比较硬，不适合产后使用。

温馨提示

1．产后3天内最好用指刷法。将右手食指(依照个人习惯选择左右手)洗净，(或)用干净纱布缠住食指，将牙膏挤在指头上，开始揩拭牙齿。建议使用竖刷法。刷完牙齿，还可以按摩牙龈。

2．药液含漱。陈皮6 g，细辛1 g，加沸水浸泡，待水变温后，去渣含漱。对口臭和牙龈肿痛有效。

(二)洗澡、洗头

1．洗澡

(1)自然分娩且无会阴侧切伤口的产妇，产后24小时即可淋浴；自然分娩有会阴侧切伤口的产妇，可于产后3天或伤口愈合后进行淋浴；剖宫产的产妇，则应等待腹部伤口愈合后进行淋浴。

(2)还不能进行淋浴或不宜淋浴的产妇可以用温水擦浴，忌用盆浴。

(3)产后洗澡频率以每周1～2次为宜，每次洗浴时间为10～20分钟，时间过久产妇易虚脱。

(4)洗澡时浴室内温度保持在26 ℃左右，水温调节在35～37 ℃，以产妇在洗浴过程中感觉温暖舒适为宜。水温过高，易出现大量水蒸气，导致缺氧，使本就虚弱的产妇站立不稳，出现意外。

(5)不宜独自站立淋浴的产妇，可在家人的帮助下完成洗浴。

(6)洗后应尽快擦干身体上的水，穿好衣服离开浴室，避免着凉。

2．洗头

(1)产后1周产妇就可以开始洗头、梳头。

(2)洗头的水温保持在37 ℃左右。

(3)洗头时用指腹按摩头皮，不应用指尖抠头皮；不应选用刺激性大的洗发用品，因为产妇头发较油，也容易掉头发。

(4)洗头后，及时擦干头发，并用干毛巾包裹，避免受凉引起头痛。

(5)头发未干时，不许睡觉，不要结辫。

(6)梳子选用木梳，避免产生静电刺激头皮。

温馨提示

1．坐月子时，产妇可以洗澡、洗头、梳头；

2．产后洗浴禁用盆浴；

3．洗澡洗头后不宜马上开空调降低室温或开窗通风，避免感冒；

4．洗澡洗头后要及时擦干身体和头发的水分，注意保暖。

(三)外阴

1．产后恶露及分泌物多，应每天清洗外阴，避免上行感染。

2．清洗外阴的盆子和毛巾洗前用开水烫好。

3．准备适量温开水，用流水的方式冲洗外阴，洗后用毛巾擦干。

4．若会阴侧切伤口红肿，可在温开水中加适量高锰酸钾，擦洗外阴。

5．红肿的侧切伤口在清洗后，可以用50%的硫酸镁湿热敷或用95%的乙醇外敷外阴伤口。

(四)产妇的衣物

产后因为体内激素水平改变,加之进食汤水多,产妇会大量出汗。所以,产妇贴身衣物、袜子和床上用品,一定要选用纯棉质地的,透气性好、保暖、吸汗。睡衣要宽松,依照季节选择厚薄。

1. 产妇换衣服前一定要先擦干汗液。

2. 产妇的衣物及床单一定要勤换。

3. 换下来的衣物不要堆积,应尽快清洗,以防细菌滋生。

4. 洗净后的衣物最好放在太阳下暴晒消毒。

5. 遇到阴天或生活在潮湿的环境里,宜将衣物用熨斗熨干,不仅可以防止衣物长时间不干滋生细菌,还可以起到消毒的作用。

四、产妇常见症状及护理

分娩在孩子的啼哭声中悄悄结束，紧张疲惫的产妇开始了甜蜜月子的修养。在这个阶段，产妇身体各器官（除乳腺外）逐渐恢复到未孕状态。准确判断产妇身心变化是否正常，是月嫂帮助产妇身体复原、成功实施母乳喂养的先决条件。

（一）发热

1. 表现

（1）产后1～2天产妇体温升高，多见于泌乳初期，一般不超过38.5 ℃，亦称为泌乳热，属于生理现象；

（2）如果体温超过38.5 ℃，多是侧切伤口或者剖腹产伤口感染所致，伤口可见红、肿，甚至有异常分泌物。

2. 护理

（1）每日监测体温2次。

（2）尽早实施母乳喂养，保持泌乳通畅；按需哺乳，不蓄积乳汁。

（3）伤口出现感染征象，应尽早送到医院就诊。

(二)宫缩痛

1. 表现

产后子宫收缩可以引起下腹部阵发性疼痛,哺乳时明显,经产妇多见,持续1~2天后自然消失。

温馨提示

产后第一天子宫底平脐,以后每天下降1~2 cm,10天后降至骨盆腔(手在耻骨联合上方摸不到子宫底),产后42天子宫恢复至未孕大小。

2. 护理

(1)不做特殊处理,待疼痛自然消失;

(2)徒手按摩下腹部,顺时针方向,每天2~3次,不仅能促进子宫收缩,还能缓解宫缩痛;

(3)服用当归腹痛宁滴丸缓解疼痛。

(三)恶露

1. 表现

(1)产妇分娩后阴道排出血性恶露,色红,有血腥味,量较多,一般不超过月经量,持续3~4天;

(2)之后转为浆液性恶露,淡红色,无异味,持续7~10天;

(3)2周后变为白色恶露,无异味,持续2~3周。

2. 护理

(1)口服益母草冲剂或生化汤颗粒等促进恶露排出;

(2)产妇适当活动,做简单家务,或在房间走动,有利于恶露的排出；

（3）注意观察恶露的颜色、量及气味，如果恶露颜色异常，有异味，应去医院就诊。

（四）会阴侧切伤口

1．表现

（1）产后2～3天内产妇的会阴侧切伤口有轻微水肿，以后自然消失；

（2）产后3～5天，会阴侧切伤口可以拆线；

（3）感染的会阴侧切伤口，局部出现红肿，严重者伤口表面有异常分泌物，可伴有体温的升高。

2．护理

（1）保持会阴局部清洁干燥，嘱产妇勤换恶露垫。

（2）会阴伤口拆线前，每日2次用0.2%碘附或1‰新洁尔灭擦洗伤口，擦洗时由内向外，由上至下。

（3）会阴侧切的产妇，睡觉应侧向伤口对侧（一般侧切伤口在会阴左侧，所以产妇应右侧位睡觉）。

（4）大便后可用温开水或低浓度消毒液擦洗或冲洗外阴。

（5）外阴伤口红肿者可用50%硫酸镁湿热敷，或红外线局部照射；分娩1周后可采用1∶5000高锰酸钾溶液坐浴。

（6）如果伤口红肿、裂开、流血水或脓液，应尽快就诊。

（五）褥汗

1．表现

产妇汗液多，夜间睡眠和初醒时最为明显，1周内自行好转。

2. 护理

(1)衣裤厚薄应适宜;

(2)出汗后应及时擦干汗液、更换衣裤,保持皮肤清洁卫生;

(3)出汗后避免受凉伤风。

(六)便秘

1. 表现

(1)常因为分娩疲惫、产妇卧床休息多、活动少、肠蠕动减慢等原因导致产妇排便不易;

(2)传统饮食习惯在产后的前几天饮食单调,容易引起产妇便秘;

(3)便秘严重时会影响到产妇的情绪和乳汁的分泌。产妇情绪不良时胃酸分泌量减少,肠胃蠕动减慢。

2. 护理

(1)产后前两天,应勤翻身,坐起来吃饭,以后应下地适当活动。

(2)鼓励产妇多饮水、多喝汤。

(3)准备丰富的食品,鼓励产妇食用,可多吃水分多的水果,如柑橘、雪梨等;可多吃纤维多的食品,如芹菜、粗粮等;可多吃能促进肠蠕动的食品,如蜂蜜、香蕉等。

(4)酸奶有帮助消化和通便的功能,可以经常饮用。

(5)保持产妇精神愉快,心情舒畅。

(七)尿潴留

1. 表现

(1)尿潴留的表现是产后6小时,产妇不能自主排尿,小腹胀满;

(2)多见于初产妇,因为伤口疼痛或分娩疲惫不主动排尿,尿液蓄积所致;

(3)有的产妇产程时间过长,膀胱受压麻痹,产后恢复慢,易发生尿潴留。

2. 护理

产后多喝水、早排尿是避免尿潴留的关键。

(1)分娩后1~2小时,应鼓励产妇多喝水或进食半流质食品,在产后4小时内解出第一次小便。

(2)产后6小时内,无论有无尿意,应督促产妇排尿。

(3)不习惯卧位排尿的产妇,身体状况允许的前提下,可以坐起来或下床排尿。

(4)对于膀胱胀满,但是排尿困难的产妇,可采取以下方法利于排尿:①可用持续的流水声诱导其排尿;②用热水熏外阴部;③没有剖腹产的产妇,可以用热水袋外敷小腹。

(5)以上方法无效时,应找医生处理。

(八)乳房

1. 表现

(1)乳房在产后承担泌乳、哺乳的任务。分娩后2~3日乳房极度膨胀、变硬,并有少量浑浊黄色乳汁分泌。

(2)进入哺乳阶段,如果乳汁分泌不畅、哺乳姿势不正确,常出现乳房胀痛、乳腺炎、乳头皲裂、乳汁分泌不足等。

2. 护理

(1)帮助产妇早开奶,让新生儿多吸吮,促进乳汁分泌,解除乳房胀痛。

(2)有特殊原因暂时不能喂哺的产妇,可挤出乳汁,以免发生乳腺炎。

(3)乳头皲裂的产妇,哺乳前应先用温开水擦洗乳房,哺乳后挤出少量乳汁涂在乳头乳晕上晾干。严重皲裂者可用吸乳器吸出乳汁或用乳头罩间接哺乳(详见乳房的护理)。

(4)乳量不足的产妇,一要按需哺乳,让新生儿充分地吸吮;二要在哺乳后排空乳房;三要保证充足的睡眠;四要有营养丰富可口的饮食;五要避免情绪波动,保持心情愉悦。

(5)不宜哺乳的产妇,应按照医嘱回奶。

五、母乳喂养指导

母乳是新生儿首选的最佳食品，含有新生儿生长发育需要的各类营养素。母乳喂养经济方便、常吃常鲜、恒温干净。产妇进行母乳喂养，可以加强宫缩、减少出血，增进母子感情，有助于形体恢复，并能降低乳腺癌和卵巢癌发生的概率。

（一）喂奶前的指导

1. 换尿布：在母乳喂养前先给婴儿更换清洁尿布，避免在哺乳时或哺乳后换尿布，翻动刚吃过奶的婴儿造成溢奶。

2. 清洗双手：每次喂哺前用香皂或洗手液洗手并擦干手上的水迹（见图 1-5-1）。

图 1-5-1　洗手

3．清洁乳房:用温热的毛巾为产妇清洁乳房并热敷,忌用肥皂或酒精之类物品,以免引起乳房局部皮肤干燥、皲裂(见图1-5-2)。

图1-5-2　清洁乳房

4．按摩乳房:哺乳前柔和地按摩乳房,有利于乳汁的分泌(见图1-5-3)。

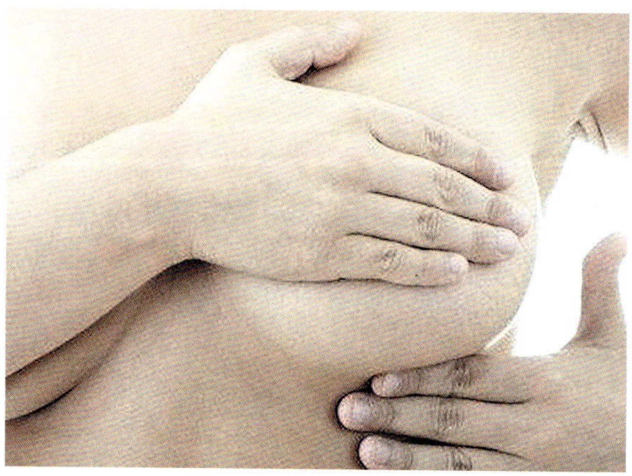

图1-5-3　按摩乳房

5. 乳房过胀应先挤掉少许乳汁，待乳晕发软时再开始喂哺。

温馨提示

初乳

初乳，婴儿出生后最初7天奶水，量少，较黏稠，颜色发黄，每天约10～40 mL。初乳富含蛋白质、大量抗体、维生素A、生长因子等，能增强抗感染能力，促使小儿未成熟的肠道发育。

成熟乳

成熟乳是7天后的奶水，颜色较清。

同一次哺乳中，乳汁前后不同。

前奶

哺乳开始时前面较清亮的乳汁。含蛋白质、乳糖、维生素、无机盐和水分。

后奶

白而浓，外观较黏稠。脂肪含量高，提供的能量多。

所以哺乳时要让婴儿吃到每侧乳房的前奶和后奶。

(二)喂奶姿势的指导

1. 产妇哺乳体位

正确的喂奶姿势是胸贴胸、腹贴腹、下颌贴乳房，即母亲一只手托住宝宝的臀部，另一只手肘部托住宝宝的头颈部，宝宝的上身躺在母亲的前臂上，这也是宝宝吃奶最舒服的姿势。

(1)坐位式哺乳：哺乳时采用最多的一种体位。这种体位哺乳，产妇方便而且感到舒适(见图1-5-4)。

图 1-5-4　坐位式哺乳

①产妇坐的椅子高度以两腿自然下垂达到地面为宜；

②背部紧靠椅背或用垫子、枕头放在背后（见图 1-5-5）；

图 1-5-5　哺乳靠垫

③如果椅子太高，产妇脚下垫一小板凳；

④哺乳侧怀抱新生儿的胳膊下可以垫一个专用喂奶枕或家用软枕。

（2）环抱式哺乳：母亲将婴儿放在胳膊下，用枕头托住新生儿的身体，婴儿的头枕在母亲手上（见图 1-5-6）。此种方法适合双胎、婴儿含接有困难、治疗乳腺管阻塞或喜欢这种体位哺乳的产妇。

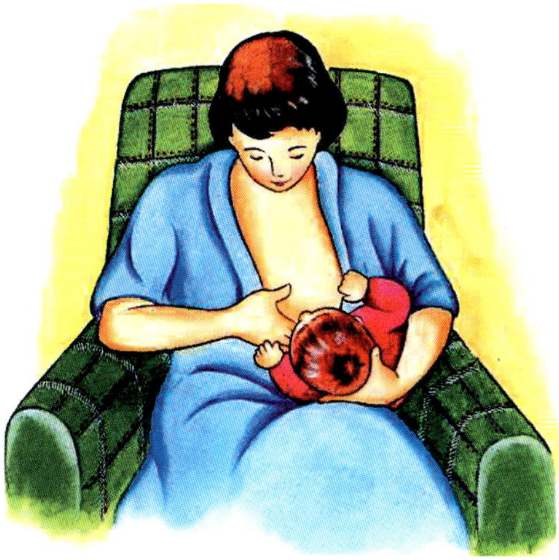

图 1-5-6　环抱式哺乳

（3）交叉式哺乳：母亲用乳房对侧的胳膊抱住婴儿，用前臂托住婴儿的身体，婴儿的头枕在母亲的手上，母亲的手在婴儿的耳朵或更低一点的位置水平托住婴儿的头部，用枕头帮助托着婴儿的身体，可用乳房同侧的手托起乳房，但不是将婴儿的脑部推向乳房（见图 1-5-7）。此种方法适合非常小的婴儿、患病儿或伤残儿，以及喜欢这种体位哺乳的产妇。

图 1-5-7　交叉式哺乳

(4)卧位式哺乳:帮助母亲采用舒适放松的体位躺着,母亲要侧卧式,头枕在枕头的边缘,婴儿的头不要枕在母亲的手臂上,母亲的手臂要放在上方枕头旁。新生儿也要卧位,母亲不要用手按住新生儿的头部,让新生儿的头部能自由活动。避免乳房堵住新生儿的鼻部,引起呼吸不畅(见图1-5-8)。此种方法适合剖宫产术后、正常分娩后第一天的产妇或者喜欢卧位式哺乳的产妇。

图1-5-8 卧位式哺乳

2. 哺乳的四个要点

适用于四种哺乳姿势(见图1-5-9)。

(1)婴儿身体贴近母亲:婴儿的整个身体几乎都面对着母亲。母亲抱紧婴儿,含接姿势才能正确。

(2)婴儿的脸贴近乳房,鼻子对着乳头,才能顺利吸住乳头和大部分乳晕。

(3)婴儿的头和身体呈一直线:假如婴儿的头是扭曲的或歪的,就不能轻松地吸吮和吞咽乳汁了。

(4)新生儿喂哺时,妈妈不仅要托住宝宝的头及肩部,还要托住臀部,确保新生儿的安全。对于稍大的婴儿,托住婴儿的上半身就够了。

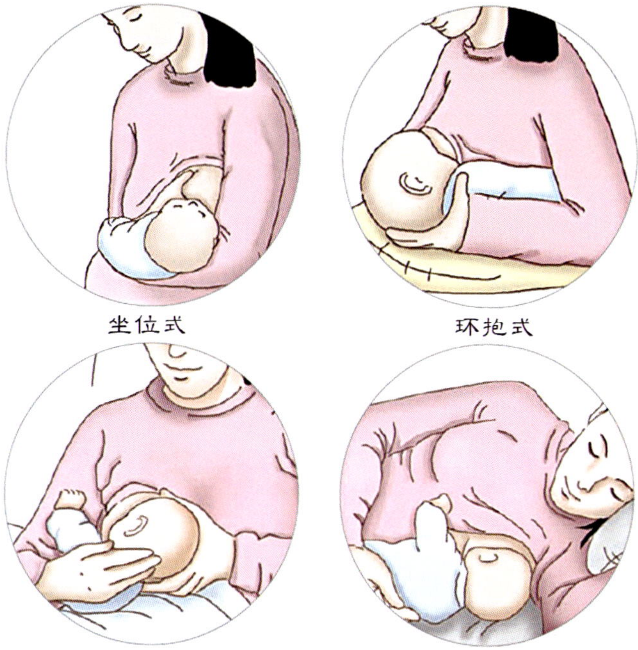

图 1-5-9　四种哺乳姿势

3. 托起乳房的方法

(1)"C"形托起乳房的方法

①食指支撑着乳房基底部,靠在乳房下的胸壁上,大拇指放在乳房的上方,两个手指可以轻压乳房,改变乳房形态,使婴儿容易含接。

②托乳房的手不要太靠近乳头。如果母亲的乳房大而且下垂,用手托住乳房可帮助乳汁流出;如果乳房小而高,在喂奶时手不需要总托住乳房。

(2)常见错误

①手指靠乳晕太近或捏着乳头往孩子口中放,影响新生儿含接。

②"剪刀"式,用大拇指和食指紧夹乳头或乳晕,使婴儿不能很好地含接和有效地吸吮。但是,"剪刀"式托住乳房会阻断乳汁的流出,所以当射乳反射过强时,可采用"剪刀"式减少乳汁流出,避免孩子呛

奶，但要注意变换压力的方向。

③哺乳时母亲担心乳房堵住婴儿呼吸，用手指将婴儿鼻子处的乳房组织向后压，导致乳腺管不通畅。

④医务人员一只手扶着乳房，另一只手扶住新生儿的头部，强行将婴儿靠近乳房，而不是让妈妈自己将婴儿抱向乳房。如果对婴儿的脑后施加过大压力，他（她）会反射地将头后仰；多次用力，婴儿会不断反抗，导致拒乳。

4. 含接姿势

（1）正确的含接姿势

①妈妈“C”形托起乳房（见图1-5-10）；

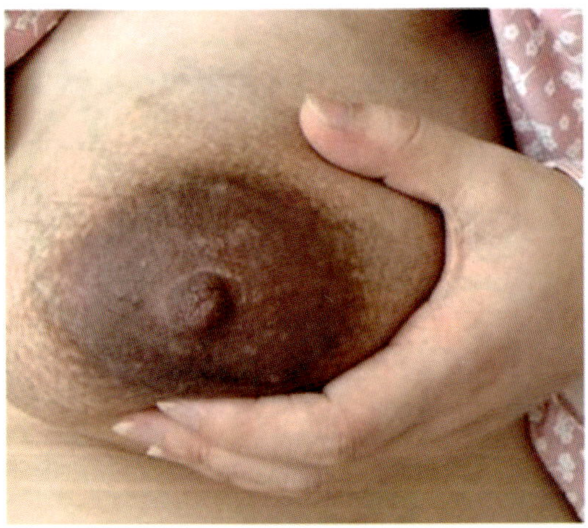

图1-5-10 “C”形托起乳房

②用乳头刺激孩子的口周围，使孩子建立觅食反射（见图1-5-11）；

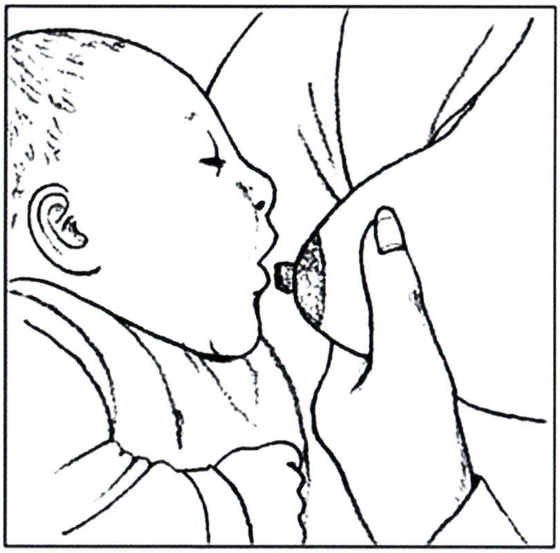

图 1-5-11　刺激

③当孩子的口张到足够大时，将乳头及大部分乳晕含在新生儿嘴里（见图 1-5-12）。

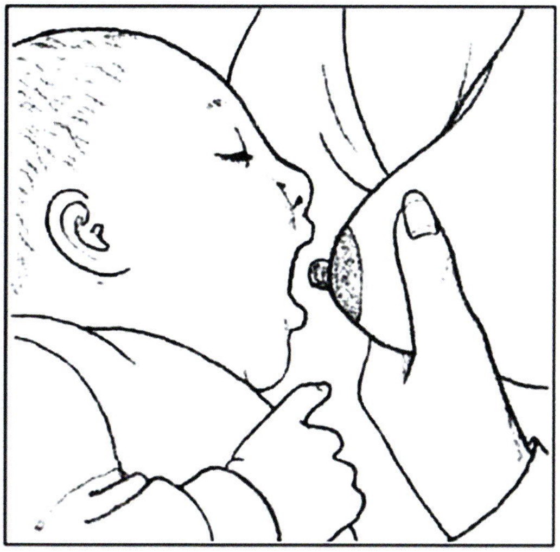

图 1-5-12　张口

（2）正确含接的要点

①含乳：婴儿的下颌贴在乳房上，嘴张得很大，将乳头及大部分乳

晕含在嘴中(见图 1-5-13)。

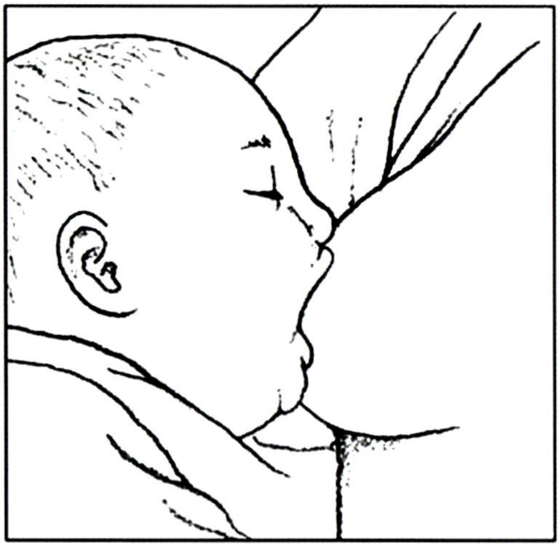

图 1-5-13　含乳

②舌头呈勺状环绕乳晕,面颊鼓起呈圆形不内陷,下唇向外翻。

③婴儿口腔上方有很多的乳晕,嘴上方的乳晕比下方多(见图 1-5-14)。

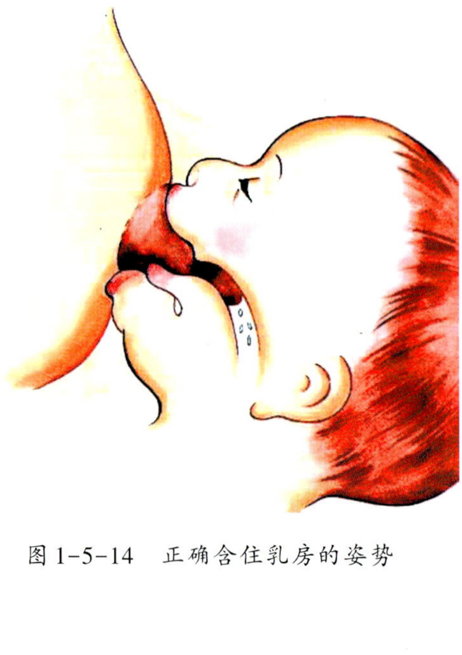

图 1-5-14　正确含住乳房的姿势

④慢而深地吸吮，有时突然暂停。这是婴儿吃到母乳的重要征象，表明其含接乳房姿势正确，吸吮有效。通常婴儿先快吸几口以启动射乳反射，但乳汁流出并充满婴儿的口腔时，即开始慢而深地吸吮，然后停顿一会儿，再开始几次较快的吸吮。

⑤能看到吸吮、吞咽的动作或听到吞咽声。

(3)常见的问题及处理方法

①婴儿只含住乳头，未将乳晕放在嘴中；

②婴儿嘴未张大，下唇向内翻；

③婴儿得不到足够的乳汁，吃不饱，频繁地吸吮，造成母亲的疼痛及乳头皲裂；

④下颌未接触母亲的乳房，鼻子被乳房阻塞，影响婴儿的呼吸；

⑤婴儿含接错误时，母亲应将清洁的手指轻轻压住婴儿的下颌，将乳头取出，按正确方法重新含接(见图1-5-15)。

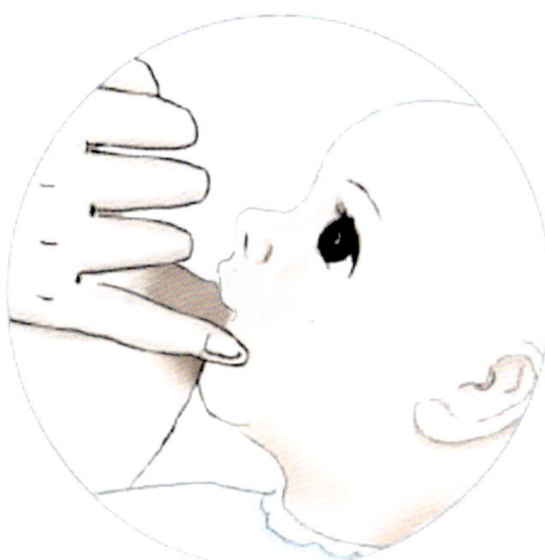

图1-5-15　中断哺乳的方法

(三)喂奶后的指导

1．哺乳后拍嗝

新生儿吃奶后经常发生溢奶，所以，妈妈给宝宝喂完奶后不要马上将其放在床上，要把宝宝竖直抱起，让宝宝的头靠在自己肩上，也可以让宝宝坐在自己腿上，以一只手托住宝宝枕部和颈背部，另一只手弯曲，用空心掌轻轻拍打后背，使宝宝将吞入胃里的空气吐出，即打嗝。如未能拍出嗝，则可多抱一段时间。放在床上时让宝宝右侧卧位，可以避免吐奶(见图1-5-16)。

图1-5-16　哺乳后拍嗝

2. 哺乳时护理

(1)两侧乳房应按先后顺序哺乳，每次交替进行。

(2)新生儿吸吮乳头时间不宜过长(一侧不超过20分钟为宜)。

(3)新生儿不宜口含乳头睡觉。不仅影响婴儿睡眠，养成吃奶的坏习惯，还可能造成新生儿窒息。所以，夜间喂奶也应像白天那样坐起来抱着新生儿喂奶。

(4)如果新生儿夜间熟睡不醒，可少惊动他(她)，延长喂奶的间隔时间。一般新生儿期的婴儿，晚上喂奶两次左右。

3. 挤奶

若哺乳后母乳剩余过多，需将剩余乳汁及时挤干净。

(1)彻底清洗干净双手。

(2)先用温热水清洁双乳，然后湿热敷双侧乳房3~5分钟。

(3)将拇指和食指分别放在乳房的上下方,距乳头根部2 cm的乳晕上。

(4)将拇指和食指先向胸壁方向(内侧)轻轻下压,压力应作用在拇指与食指间乳晕下方的乳窦上,然后向外有节奏挤压放松。放松时,手不应离开皮肤。如此数次,重复进行(见图1-5-17)。

(5)以逆时针的方向沿着乳头,依次按照上述挤奶的手法,将乳晕下方乳窦内的乳汁挤出。

(6)挤奶时,不要挤压乳头,因为乳汁储存于乳晕下方的乳窦内,单纯挤乳头是无用的。

(7)一侧乳房至少挤压3~5分钟,待乳汁少了,则可挤压另一侧乳房。如此反复交替进行,双手可交换使用,以免疲劳。

(8)由于分娩后的前几天泌乳量有限,因此一次持续挤奶的时间以15~30分钟为宜。

图1-5-17　挤奶

(9)可同时配合使用吸奶器(见图 1-5-18)。

图 1-5-18　吸奶器吸奶

(四)乳头扁平、内陷的护理

1. 哺乳前

(1)取坐位姿势舒适放松;

(2)湿热敷乳房 3 ~ 5 分钟,同时按摩乳房刺激排乳反射;

(3)挤出一些乳汁,使乳晕变软,再牵拉乳头致凸起,使乳晕容易连同乳头被婴儿含住。

2. 哺乳时

(1)在婴儿饥饿时,先吸吮平坦的一侧乳头。此时,婴儿吸吮力强,易吸住乳头和大部分乳晕。

(2)应取环抱式或侧卧式喂哺,以便控制婴儿头部,固定其吸吮部位。

(3)若吸吮未成功,可用乳头牵拉器使乳头突出,再次吸吮。

(4)在二次哺乳间隙佩戴乳头罩协助治疗。

3. 日常护理

(1)每天用食指、中指、拇指三个手指捏起乳头,向外牵拉,每一下至少坚持拉1秒,每次拉30下左右,每天至少拉4次,在喂奶前拉效果更好;

(2)用吸奶器或乳头牵拉器牵引乳头,每次约半分钟,连续5~10次,每天至少重复两遍。

(五)母乳喂养够量的表现

1. 出生后3个月每天哺乳8~12次,喂奶时能听到婴儿“咕噜咕噜”的吞咽声。

2. 喂奶前乳房胀满,哺乳时母亲乳房有下乳的感觉,喂奶后乳房柔软。

3. 每天,婴儿换尿布6块或更多,大便3~4次,呈金黄色糊状。

4. 两次喂奶间,婴儿很满足,表情快乐,反应灵敏,睡眠时安静。

5. 新生儿体重平均每周增加125~210 g,出生两周后,体重低于出生体重,说明母乳量不足;满月时可增加600 g以上。

(六)分娩后泌乳的表现

产后乳房体积明显增加,有少许淡黄色乳汁分泌,俗称“下奶”。对于大多数女性来讲,这种乳房的变化在产后2~3天可明显感觉到。一般初产妇出现的时间较经产妇稍晚些。在产妇感到有乳汁(下奶)之前,会有分娩后最初几天乳汁分泌不足的感觉,虽然产后2天初乳量处于较低阶段,但通常可以满足新生儿的需要。

(七)母乳喂养宝宝的喝水问题

1. 母乳中含有充足的水分,四个月前纯母乳喂养的宝宝,可以不用喝水，因为母乳中的含水量足够满足婴儿需要。如果给婴儿喝水，会减少婴儿母乳的摄入量，进而造成母乳分泌量的减少。

2. 新生儿的肾功能还不太健全，如果给宝宝补充水分太多可能会让宝宝的肾脏负担过重。

3. 当宝宝开始添加辅食后，就可以随宝宝的意愿添加适量的水了。

4. 有些宝宝的嘴唇干，主要是因为婴儿口腔的唾液分泌较少，也就是口水少，这是正常现象，不是缺水的表现。

5. 母乳喂养的宝宝，可以在每次喂奶后给宝宝喝口水，目的是漱漱口，清除口腔内剩余的奶水，保持口腔的清洁卫生。

(八)母乳喂养的婴儿不能随意添加糖水和配方奶粉(见图1-5-19)

图1-5-19　配方奶粉

新生儿在出生后6小时未开奶前，可以喂少量葡萄糖水，目的是观察婴儿的吸吮、吞咽能力是否正常，同时防止低血糖和脱水。母乳喂养后，少量初乳完全能满足宝宝需要，如果添加饮料和母乳代用品，可能会有以下不良影响：

1．婴儿的饥饿感暂时得到了满足，对母乳的渴求感降低。

2．婴儿对乳房的吸吮和刺激减少，乳汁的分泌也相应减少。

3．发生母乳喂养困难后，会造成乳房肿胀或乳汁不足，削弱母亲对母乳喂养的信心。

4．吃母乳少了，免疫球蛋白获得的少，婴儿抵抗力下降，易发生感染等问题。

5．橡皮奶头较长，出奶孔大，瓶中的乳汁容易流出，婴儿吸吮方便；母亲的乳头较短而大，加之分娩最初几天泌乳量有限，新生儿吸吮费力。所以，婴儿一旦习惯橡皮奶头后，就会引起乳房含接困难（乳头错觉），对吸吮母乳不感兴趣，于是形成恶性循环，进而拒绝吃母乳。

六、乳房的护理

母亲用自己的乳汁喂养婴儿，不仅对婴儿有好处，对母亲的乳房也是一种保健。有的妇女怀孕之前患有乳腺小结、乳头发育不良（如乳头短、乳头伸缩性差等），坚持较长时间的母乳喂养，上述问题可能消失或者明显好转。那么，喂奶会使自己的乳房变形难看吗？为了做到既喂养好孩子又保护好乳房，下面就介绍一些哺乳期乳房保健的方法。

（一）乳房常规护理

1. 哺乳前

准备好热水和毛巾，请妈妈洗手。

2. 第一次哺乳前

应将乳房、乳头揉一揉，或用热毛巾敷一下乳房，有利于刺激排乳；哺乳前不能用肥皂、酒精等刺激性强的东西擦洗乳头，一是避免局部皮肤干燥、皲裂，二是避免婴儿不习惯这些气味而拒绝母乳（见图1-6-1）。

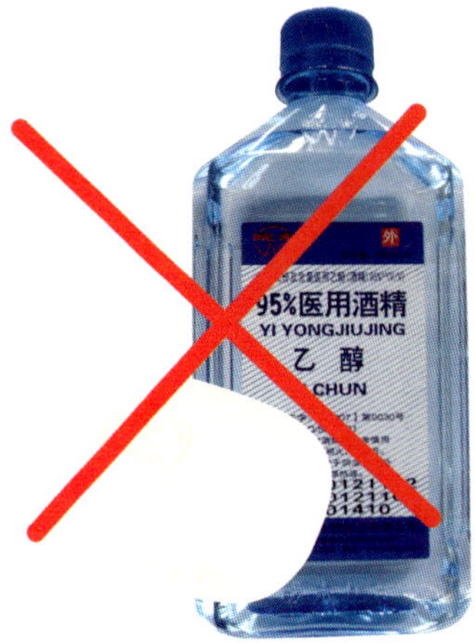

图 1-6-1　禁用香皂及酒精

3. 以后哺乳前

(1)乳房肿胀发硬时,应先挤掉少许乳汁,待乳晕发软时再进行哺乳。

(2)禁用香皂及酒精。

(3)乳头处如有痂垢,不应强擦,以免擦破皮肤引起感染,进而耽误母乳喂养。应先用棉棒蘸油脂(如食用植物油)浸软污垢,用肥皂水、温水清洗干净,再用软毛巾擦干后哺乳。

4. 哺乳时

一定要将乳头和大部分乳晕放入婴儿口腔中,这样吸吮不仅对母亲乳房的牵扯较小,而且婴儿吸进的空气少,容易很快吃饱。

5. 停喂哺

母亲用食指轻轻地下压孩子的下颌,让孩子自然地吐出乳头。切忌硬拽乳头,反复硬拽可引起乳头皲裂或乳房的损伤。

6. 哺乳后

可用少许乳汁涂抹在乳头上。人乳含有丰富的蛋白质,对乳头能起到保护作用。

（二）平坦及凹陷乳头

有些产妇的乳头平坦和（或）凹陷，一旦不及时哺乳，乳头将会更扁平或向内回缩，使婴儿很难吸吮到（见图 1–6–2）。在哺乳期可指导产妇做以下练习：

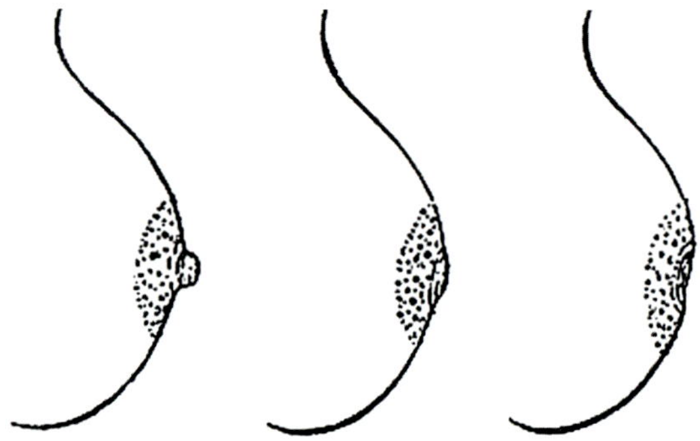

（1）正常　（2）扁平　（3）内陷

图 1-6-2　平坦乳头及凹陷乳头

1．乳头伸展练习

将两拇指平行放在乳头两侧，慢慢地由乳头向两侧外方拉开，牵拉乳晕皮肤及皮下组织，使乳头向外突出。接着将两拇指分别放在乳头上、下侧，将乳头向上、向下纵向拉开（见图 1–6–3）。

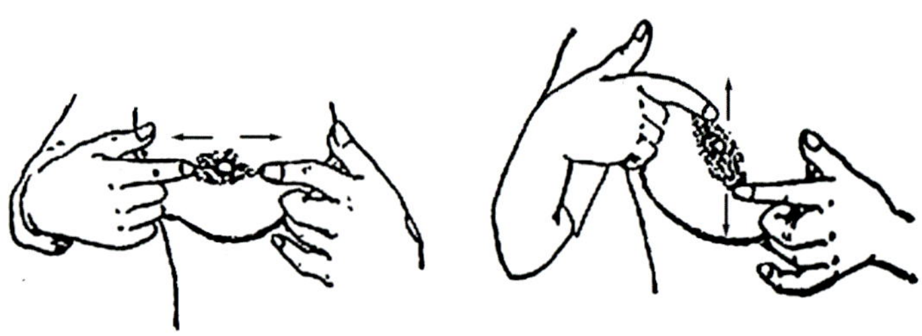

图 1-6-3　乳头伸展练习

2．乳头牵拉练习

用一只手托乳房，另一只手的拇指和中、食指抓住乳头向外牵拉，每次重复10～20次，每天2次（见图1-6-4）。

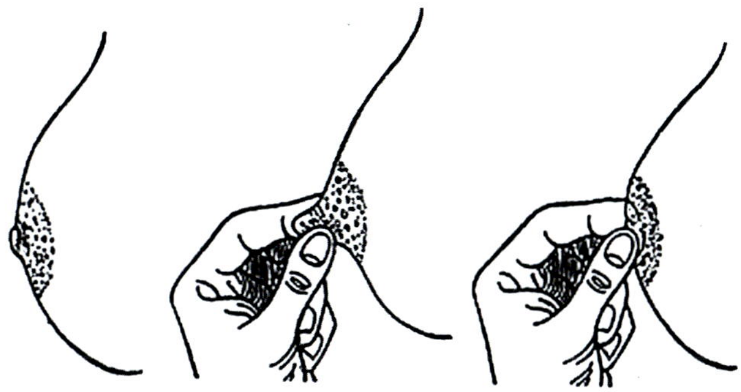

图1-6-4　乳头牵拉练习

3．利用辅助品进行哺乳

利用辅助品（如乳头吸引器、乳头保护罩、无菌注射器等）协助完成哺乳（见图1-6-5、图1-6-6、图1-6-7）。

图1-6-5　乳头吸引器

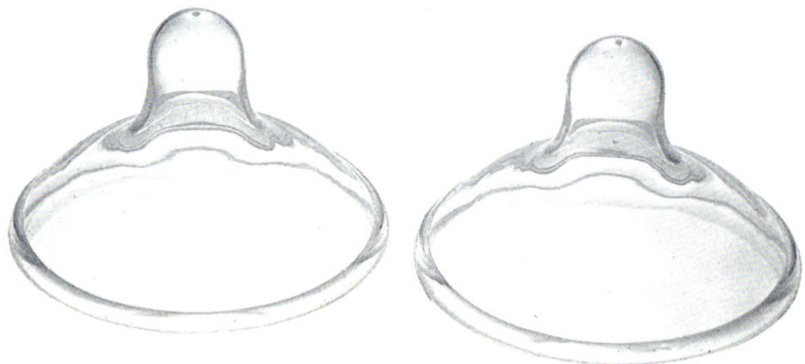

图 1-6-6　乳头保护罩

温馨提示

在哺乳时，可指导产妇尝试多种喂奶的姿势，寻求能使婴儿含住乳头乳晕的最佳方法。另外，利用婴儿饥饿时吸吮力强的特点，每次哺乳时先吸吮平坦乳头一侧，可达到很好的效果。

（三）乳房胀痛

1. 原因及表现

产后3天内，因淋巴和静脉充盈，乳腺管不畅，乳汁积聚，乳房逐渐胀实、变硬，触之疼痛，可有轻度发热。

2. 护理

早吸吮、早开奶是护理的关键。

（1）尽早哺乳：于产后半小时内开始哺乳，促进乳汁分泌、畅流。

（2）乳房热敷：在哺乳前热敷乳房3～5分钟，再用双手螺旋状按摩乳房，可促使乳腺管畅通。

（3）按摩乳房：哺乳前按摩乳房也是促进乳腺管畅通的有效方法。做法是，双手从乳房左右侧到乳房上下方，依序从乳房基底部朝乳头方向逐渐揉压，可促进乳腺管畅通，利于乳汁排出（见图1-6-8）。

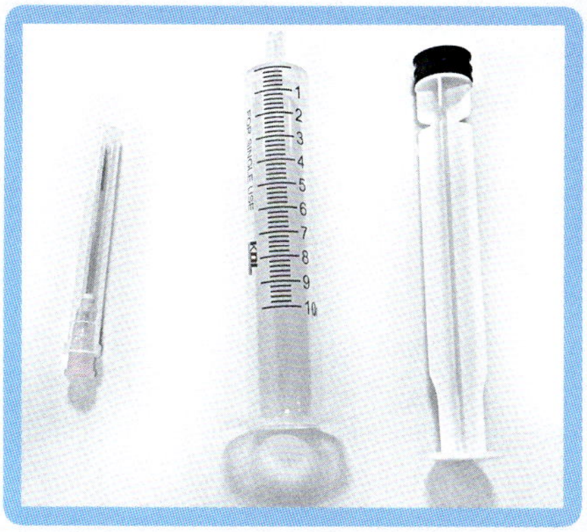

1．取一支10 mL注射器，去掉针头

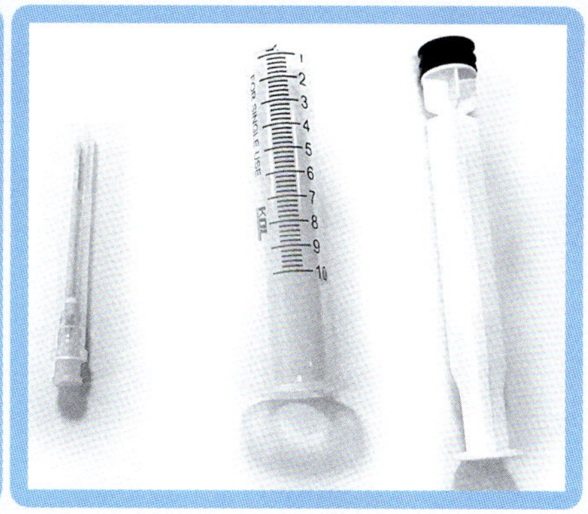

2．裁掉注射器的乳头部分

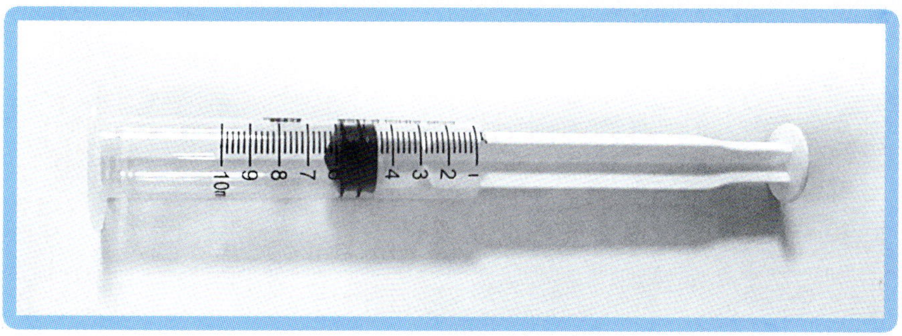

3．调转针栓部分，套稳

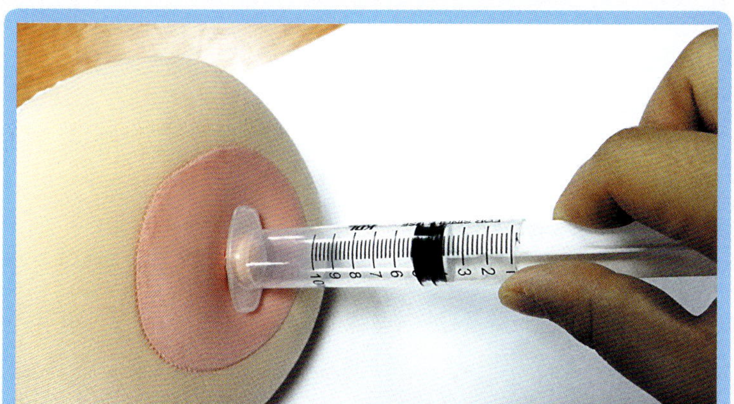

4．使用

图 1-6-7　自制简易吸奶器

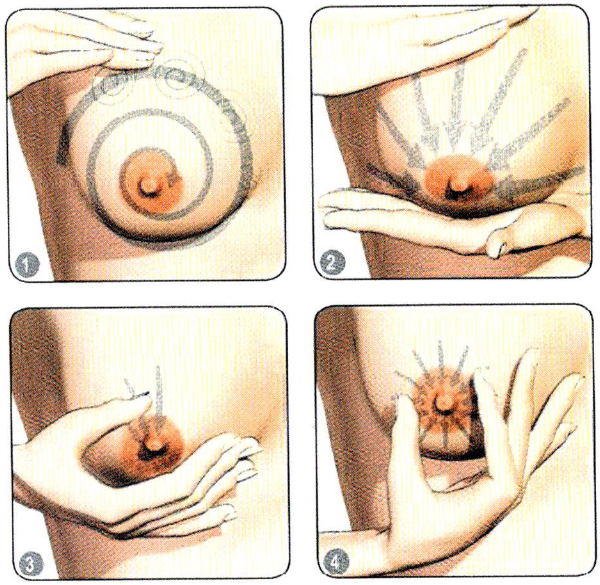

图 1-6-8　按摩、挤奶手法

（4）配戴乳罩：乳房肿胀时，产妇穿戴合适的具有支托性的乳罩，可减轻乳房充盈时的沉重感。

（5）生面饼外敷：用生面饼外敷乳房，可促使乳腺管畅通，减少疼痛。

（6）如以上方法均不能缓解，需到医院就诊。

（四）急性乳腺炎

1．表现

产妇乳房的局部出现红、肿、热、痛，或有触痛性结节。病情严重时，产妇出现高热 39 ℃以上，伴有寒战、畏寒，患侧腋下淋巴结肿大，有触痛。

2．护理

疏通乳腺管，使乳汁流出通畅是护理的关键。

（1）生活护理：注意产妇个人卫生；饮食宜清淡，少吃荤食，忌辛辣；选用合适的乳罩托起肿大的乳房，减轻疼痛，利于血液循环；消除产妇不良情绪，保持心情舒畅。

（2）轻度乳腺炎：在哺乳前湿热敷乳房 3～5 分钟，并按摩乳房，轻轻拍打和抖动乳房。哺乳时先喂患侧乳房，因饥饿时婴儿的吸吮力强，有利于吸通乳腺管。

（3）每次哺乳时应充分吸空乳汁，在哺乳同时按摩患侧乳房。

（4）适当增加哺乳的次数，每次哺乳至少 20 分钟，哺乳后充分休息。

（5）外敷中药：如芒硝 100 g 左右，研细，加入面粉调成糊状，贴敷患侧乳房，减少乳汁分泌，可减轻乳房的胀痛。

（6）消除乳汁淤积：可用吸乳器，或用手、梳子背沿乳腺管方向加压按摩，促进乳腺管通畅。

（7）局部热敷：每天 3～4 次，每次 20～30 分钟，促进血液循环，有利于炎症消散和药物吸收。

（8）病情严重者需立即送医院就诊。

（五）乳头皲裂

1．表现

（1）乳头表面出现小裂口或溃疡即为乳头皲裂。可为一处或多处，深浅不一，乳头的裂开可呈放射状、环形或垂直形。

（2）皲裂处多有触痛，其内可见淡黄色浆液或血性液体渗出，乳头周围沟内常可发现糜烂。

（3）乳头皲裂后，当婴儿吮吸时，产妇感觉乳头锐痛，皲裂处会流血、流脓水，并结黄痂（见图 1-6-9）。

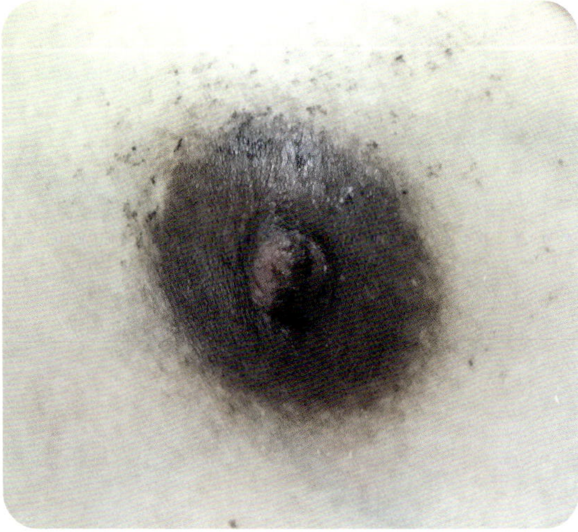

图 1-6-9　乳头皲裂

2. 护理

(1)轻者可继续哺乳:哺乳时先吸吮健侧或损伤轻的一侧乳房,后吸吮另一侧乳房。这时孩子的吸吮力降低,可以减轻疼痛感。哺乳后,挤出少许乳汁涂在乳头和乳晕上,短暂暴露待乳头表面干燥。因乳汁具有抑菌作用,且含丰富蛋白质,能起到修复表皮的作用,缓解和治疗皲裂。

(2)皲裂较严重者可借助乳盾、吸奶器等完成哺乳。

(3)严重皲裂者,裂伤重,疼痛感剧烈,可暂时停止母乳喂养,但是应将乳汁挤出,用奶瓶喂给婴儿。

温馨提示

哺乳前

①妈妈取舒适松弛的喂哺姿势;

②湿热敷乳房和乳头 3 ~ 5 分钟,同时按摩乳房以刺激排乳反射;

③挤出少量乳汁，使乳晕变软易被婴儿含吮。

哺乳时

①先在损伤轻的一侧乳房哺乳，以减轻对另一侧乳房的吸吮力。

②让乳头和大部分乳晕含吮在婴儿口内。

③交替改变抱婴位置(一次为卧位，则另一次为坐位)，使吸吮力分散在乳头和乳晕四周。

④按需哺乳。

⑤在喂哺结束后，等到婴儿松开乳头后，再把婴儿抱离乳房。如果是母亲的原因，不得不中断喂哺，则用食指轻轻按压婴儿下颌，温和地中断吸吮。

⑥可在哺乳前使用乳头贴扣于皲裂的乳头上进行哺乳，缓解疼痛。

哺乳后

①挤出少许乳汁涂在乳头和乳晕上；

②指导产妇使用水凝胶外置于乳头和乳晕上，直到下次哺乳时取下(见图1-6-10)。

图1-6-10　水凝胶

(六)乳汁不足

1. 影响乳汁分泌的因素

(1)婴儿的吸吮是保持乳腺不断泌乳的关键环节;

(2)不断排空乳房是维持乳汁分泌的重要条件;

(3)泌乳的量与产妇的营养、睡眠、情绪、健康状况、乳腺发育程度、产后出汗多少、产后失血多少等因素有关。

2. 护理

(1)母婴同室,早接触、早吸吮,按需哺乳。

(2)避免发生不良的刺激事件,保持产妇身心愉悦;提供可口营养的饮食;保证产妇足够的睡眠。

(3)辅以手法按摩、人工排乳等方法,可以有效促进乳汁增多。

(4)中药催乳:按照医嘱服用通乳丹、下乳涌泉散等中药。

(5)饮食催乳食谱:①花生猪蹄汤:猪蹄2个,花生150 g,水适量,小火炖煮,加盐即可食用;②米酒豆腐汤:豆腐150 g,红糖50 g,米酒50 g,先将豆腐和红糖加适量水煮,待红糖化后,倒入米酒煮片刻,吃豆腐喝汤;③鲜虾、鲜木瓜煮鱼汤:鲜鲫鱼汤或用鲤鱼与大米同煮粥;④煮粥:炖猪肚,或用花生米与大米同煮粥;⑤蔬菜汤:冬瓜皮煮鲢鱼或鲫鱼;⑥黑芝麻猪蹄汤:黑芝麻250 g,炒熟研末,用猪蹄汤送服。

(七)乳汁过多

1. 表现

(1)每日乳汁的分泌量高达2000 mL以上且经常溢乳者为乳汁分泌过多;

(2)乳汁稀薄,质量不高,母婴均易发生营养不良。

2. 护理

(1)每次哺乳后冷敷乳房可减少乳汁分泌;

(3)限制产妇的摄水量,提高饮食质量,控制乳汁的数量和质量;

(2)遵医嘱服用药物,如雌激素、雌孕激素合剂或左旋多巴,可以减少乳汁的分泌。

(八)回乳

1. 原因

(1)产妇患有某种疾病不能实施母乳喂养,比如传染性疾病、心功能Ⅲ级以上等;

(2)新生儿未存活或者新生儿不与生母同在一地。

2. 护理

产后应尽早采取回乳措施。

(1)遵医嘱使用雌激素等药物回奶。

(2)限制汤汁类饮食,少喝水。

(3)停止哺乳,不能时时排空乳房。

(4)挤出奶水束紧乳房。

(5)生山楂、生麦芽各60 g,熬汤代茶饮用;

(6)芒硝250 g分装两袋,碾成粉末状,用纱布包后外敷乳房并束紧。待芒硝结成硬块,换掉。几天后可以见效。

七、产后抑郁症的疏导

产后抑郁症又叫产褥期抑郁症(postpartum depression,PPD),是指产妇在分娩后出现抑郁、悲伤、沮丧、哭泣、易激怒、烦躁,甚至有自杀或杀婴倾向等一系列症状为特征的心理障碍,是产褥期精神综合征中最常见的一种类型。产后抑郁症不但对产妇造成不良影响,也会对宝宝的成长发育造成危害。

(一)产后抑郁症的主要表现

1. 产后抑郁症多于产后2周发病,产后4~6周症状明显。

2. 产妇感到不安、伤感、无望,情绪低落、心情抑郁,表情苦闷、唉声叹气,不明原因地悲伤甚至常常哭泣。

3. 产妇自称高兴不起来,对任何事情都不感兴趣,没有什么事情能使她高兴,即使是可爱的孩子也不能让她快乐。

4. 有些产妇表现为易激惹、焦虑、害怕和恐慌等症状,甚至出现自杀以及杀婴的情况。

5. 产妇有失眠、思维迟钝、自罪自责、食欲低下、体重减轻、早睡、疲倦、乏力、便秘等症状。

6. 产妇注意力不集中、健忘和缺乏信心,较严重的患者还可有自尊心受挫、失望感和自觉无用感。

7. 产妇不愿和家人、朋友接触。

8. 产妇出现各种躯体伴随症状，例如头痛、胸痛、心率过速、浅而快的呼吸。

图 1-7-1 产后抑郁症

(二)产后抑郁症常见的原因

其发生病因不明，可能与遗传、内分泌、心理、分娩及社会因素等有关。

1. 孕期夫妻关系不和谐。

2. 高龄产妇，尤其是高龄初产妇，流产、早产、畸形等问题一直困扰着她，临近分娩时又担心能否顺利经过产程，所以产后容易出现抑郁症（见图 1-7-2）。

图 1-7-2　高龄产妇

3. 单亲家庭。

4. 低收入家庭居住条件差、生活负担重(见图 1-7-3)。

图 1-7-3　经济拮据

5．分娩方式的选择。孕期常常在剖宫产好还是顺产好的问题上纠结，思虑过多，担心过多。

6．家人对孩子性别的歧视（见图1-7-4）。

图1-7-4　家人歧视女孩

7．产妇在家里承担着过多的责任（见图1-7-5）。

图1-7-5　家务劳动繁重

8. 因为工作不稳定,怀孕后总担心工作保不住,担心被解雇。

9. 初为人母,担心不能适应母亲的角色,不能胜任母亲的义务。

10. 担心产后身材走样,被旁人取笑。

11. 担心孩子的健康状况,尤其是产前检查时提示孩子有某种疾患,一直处于焦虑中。

12. 担心不能给孩子提供良好的教育,影响孩子的前途。

(三)产后抑郁症的处理

产妇的家人是帮助产妇克服抑郁的重要因素。分娩后,产妇的身体比较虚弱,心理也很脆弱,需要家人的关爱。家人给予产妇的关心和照顾,对产妇的身心健康有很大的安抚作用。家人多承担孩子喂奶、换尿布等琐事,给产妇提供营养可口的饭菜,营造轻松愉悦的家庭氛围,是帮助产妇防止和治愈产后抑郁症的重要方面。

1. 心理治疗

心理治疗是首选的治疗方法,也是最主要的方法。找到困扰产妇的具体原因,针对性地进行心理疏导。方法如下:

(1)转移注意力(见图1-7-6):如果产后的确面临严重的不愉快的生活事件,甚至棘手的问题难以解决,不要让产妇的心思总是黏滞在这些不良事件上,要恰当地转移她的注意力。了解产妇的喜好,引导她做些平时喜欢的事,如睡觉、听音乐、唱歌、看书、照顾花草、聊天等。家人尽量顺着产妇意愿,讲些令产妇愉快的事情,并且耐心倾听产妇的诉说。

图 1-7-6　转移注意力

（2）积极寻求帮助（见图 1-7-7）：接受别人的帮助，或主动寻求他人帮助，是一种很有效的自我保护方式。产妇可以请丈夫帮助完成家务、夜间喂奶等工作，也可以请家人帮助准备食物或者处理家务等等。家人也尽可能按照产妇的意愿将事情做得尽善尽美，让产妇满意放心，同时引导产妇多接触孩子，激发产妇照顾孩子的兴趣，缓解产妇的不稳定情绪。

图 1-7-7　寻求帮助

（3）尽可能照顾好产妇：在婴儿睡觉的时候，督促产妇休息或小睡一会儿；给产妇选择营养丰富的饮食，鼓励她多吃谷物、蔬菜和水果；帮助产妇建立良好的健康习惯，适度锻炼身体。

（4）与他人分享做妈妈的感受（见图1-7-8）：不要独自忍受孤独，和丈夫谈谈自己的感受和担忧；与好友或亲人尽情宣泄郁闷情绪，甚至大哭一场。专家研究表明，“将负面感受说出来，可以缓解大脑对恐惧、惊慌等强烈情感的反应，还可以激活控制情绪冲动的大脑区域，帮助减轻悲伤和愤怒”。当然，要避免心理、情绪透支。

图1-7-8　分享感受

（5）户外活动（见图1-7-9）：适当调节变动生活内容，和宝宝一起日光浴。新鲜的空气、温暖的阳光、和谐的家庭，对产妇和孩子都有好处。可以做做深呼吸（腹式呼吸）、打坐、冥想平静的画面、听听舒缓优美的音乐等，感受由此带来的宁静和祥和。

图1-7-9　和家人一起日光浴

(6)合理的期望(见图1-7-10):改变不切实际的期望,放弃完美主义的想法。不要期望自己可以像以前一样把家里每一件事都打理得井井有条,不要迫使自己做所有的事情,更不要把自己的想法强加到家人身上。

图1-7-10　不要求事事完美

(7)自我鼓励、自我欣赏(见图1-7-11):多看自己的优点,多看事物的好处,多想事情成功的一面。

图1-7-11　相信自己

(8)食物治疗(见图1-7-12):产妇在月子里通常都会吃大量补品,这些食物容易令人心烦气躁,失眠焦虑,严重的还会出现种种“上火”迹象,所以要多搭配一些清淡食物,多吃新鲜的蔬菜和水果,多喝温开水,由内到外地调整身心状态。

图1-7-12 科学膳食

附:

1. 产后抑郁症食疗方

(1)小炒虾仁:准备一定量的鲜虾仁、西芹、白果仁、杏仁、百合、盐、油、味精等。将西芹切段或片,与白果仁、杏仁、百合等一同焯水;再将虾仁上浆,并放在油锅里过一下;最后将取出后的虾仁与西芹等一同炒制即成。

(2)香菇豆腐:准备水发香菇75 g、豆腐300 g、糖10 g、酱油20 mL、味精1 g、胡椒粉0.5 g、料酒8 mL。先将豆腐切成约3.5 cm长、2.5 cm宽、0.5 cm厚的长方条,香菇洗净去蒂;紧接着炒锅上火烧热油,逐渐下豆腐,用文火煎至一面结硬壳呈金黄色;最后烹入料酒,下入香菇,放入所有调味品后加水,用旺火收汁、勾芡,翻动后出锅即成。

(3)桃仁鸡丁:准备鸡肉100 g、核桃仁25 g、黄瓜25 g,葱、姜及各种调味料。先将鸡肉切成丁,用调味料上浆;黄瓜切丁,葱、姜切好备用;核桃仁去皮炸熟;炒锅上火加油,将鸡丁滑熟,捞出控油;原锅上火留底油,煸葱、姜至香,下主辅料与调味品,最后放桃仁,然后勾芡装盘即成。

2. 产后抑郁症吃什么好

(1)香蕉、瘦肉、坚果类、绿色蔬菜、番茄、酪梨:以上食物富含钾离子,钾离子有稳定血压、稳定情绪的作用。此外,香蕉中含有一种生物硷的物质,可以振奋精神和提高信心,而且香蕉是色胺酸和维生素B_6的来源,这些都是大脑制造血清素的原料。

(2)新鲜蔬果、葡萄柚、柑橘类、木瓜、香瓜:以上水果含有丰富的维生素C。维生素C具有消除紧张、安神、静心等作用。葡萄柚里高量的维生素C不仅可以维持红细胞的浓度,提高身体抵抗力,而且还可以抗压。最重要的是,在制造多巴胺、肾上腺素时,维生素C也是重要成分之一。

(3)鸡蛋、酵母粉、深绿色蔬菜、牛奶、优质肉类、谷类、南瓜子、芝麻:以上食物富含B族维生素。B族维生素是维持神经系统健康,构成脑神经传导物质的必需物质。能减轻情绪波动,有效地预防疲劳、食欲不振、抑郁等。

(4)深海鱼(如鲑鱼):含有丰富的鱼油及Omega-3脂肪酸,海鱼中的Omega-3脂肪酸与常用的抗忧郁药如碳酸锂有类似作用,阻断神经传导路径,增加血清素的分泌量,可以部分缓解紧张的情绪,明显舒解抑郁症状,包括焦虑、睡眠问题、沮丧等。

(5)空心菜、菠菜、豌豆、红豆:这些食物含有丰富的镁,镁具有放松神经等作用。研究人员发现,缺乏叶酸会导致脑中的血清素减少,导致忧郁情绪,而菠菜是富含叶酸最著名的食材。

2．药物治疗

药物治疗是在心理治疗无效后使用的方法。所用药物应在专科医师指导下使用。一些专家认为药物治疗时应该停止母乳喂养，因为很多种类的抗抑郁药都能通过乳汁代谢。首选5-羟色胺和三环类抗抑郁药。

3．预后

本病预后良好，约70%的患者于一年内治愈，极少数患者持续一年以上。心理治疗和社会支持系统对预防本病复发有非常重要的作用，尽可能解除或减轻患者过重的心理负担和压力，帮助患者解决生活和工作中的实际困难和问题，提高患者的应对能力，可有效预防复发。

八、产妇的形体恢复

坐月子不是绝对的卧床休息。产后适当的活动不仅能促进产妇全身血液流通、增强心肺功能、促进胃肠蠕动，还有助于产妇子宫的缩复、恶露的排出、乳汁的分泌。而且，运动能消耗妊娠期间积聚的脂肪，恢复产妇孕前体形。所以，产妇在月子里可以通过一些家务劳动和产妇体操的锻炼，加速身体恢复，重塑健康身材。

(一)产妇运动的时间

自然分娩的产妇产后6～12小时可以坐起吃饭喝水，24小时可以站起来给小孩换尿布，2天后可以做形体恢复操，7天后就可以干些家务活了(如收拾衣物、擦擦桌椅等)。会阴侧切及剖宫产术后的产妇不宜过早过多地活动，一般应在3天后做少量活动，待拆线后伤口不感到疼痛时(一般为产后10天)，开始做产后形体恢复操。

(二)产后形体恢复操

产后的形体恢复对于要返回职场工作的女性极为重要。以下的形体恢复操简单易学，每天做1～2次，有助于产妇的身心健康。

1. 深呼吸运动

时间：产后第1～3天可开始，每日做2遍。

方法：仰卧，嘴闭紧，用鼻孔缓缓吸气，同时将气往腹部送，使腹部鼓起，再慢慢将气呼出，使腹部渐渐下凹（见图1-8-1）。

作用：增加腹肌弹性。

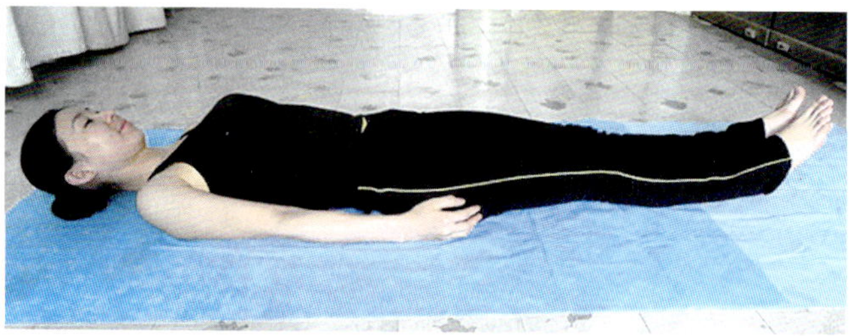

图1-8-1　深呼吸运动

2. 抬头运动（每节做4～8次）

时间：产后第1～3天可开始，每日做2遍。

方法：平躺，保持身体其他部位不动，举起头尽量弯向胸部（见图1-8-2）。

作用：使颈部和背部肌肉得到舒展。

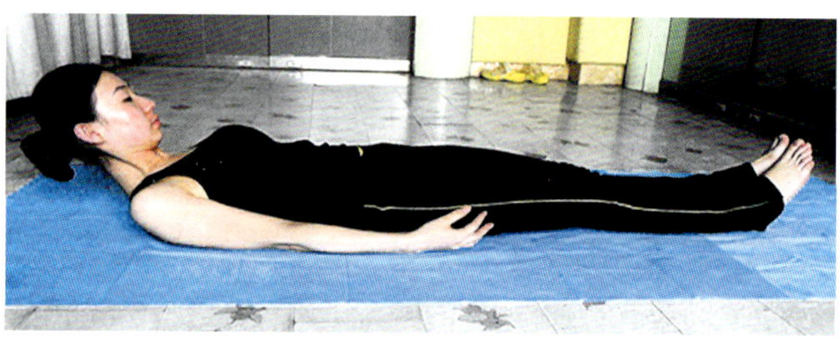

图1-8-2　抬头运动

3. 上肢运动（每节做4～8次）

时间：产后第1～3天可开始，每日做2遍。

方法：平躺，两手臂左右平伸，上举至胸前，两掌合拢，然后保持手臂伸直放回原处（见图1-8-3）。

作用:增加肺活量,恢复乳房弹性。

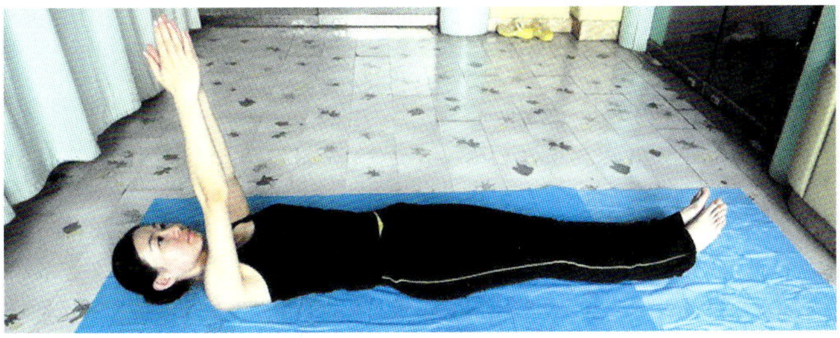

图 1-8-3　上肢运动

4．下肢运动(每节做4～8次)

时间:产后第3～10天开始,每日做3遍。

方法:平躺,将一条腿尽量抬高与身体垂直,放下后另一腿做相同动作(见图1-8-4、图1-8-5)。以后可练习将两腿同时举起(见图1-8-6)。

作用:促进子宫及腹部肌肉收缩,恢复腿部曲线。

图 1-8-4　下肢运动抬左腿

图 1-8-5　下肢运动抬右腿

图 1-8-6　下肢运动抬双腿

5. 屈膝抬臀运动（每节做4～8次）

时间：产后第14天开始，每日做2遍。

方法：平躺，弯起两腿成直角，抬高臀部，挺起身体，肩部支撑，两膝并拢脚分开，同时收缩臀部肌肉，重复几次（见图1-8-7）。

作用：收缩阴道肌肉，预防子宫、阴道、膀胱下垂。

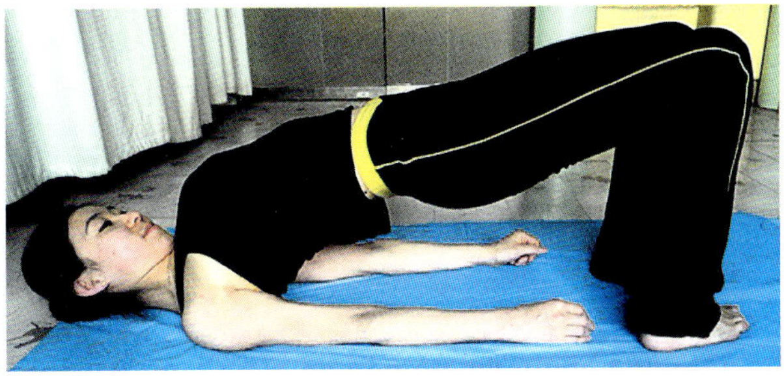

图 1-8-7　屈膝抬臀

6. 膝胸卧式

时间:产后第14天开始,最初2分钟,以后增加至8分钟。

方法:身体呈跪伏姿势,头侧向一边,双手伏于床上,双腿分开与肩同宽,大腿与地面垂直(见图1-8-8)。

作用:帮助子宫恢复正常位置。

图 1-8-8　膝胸卧位

7. 提肛运动(每节做4~8次)

时间:产后第14天开始,每日做2遍。

方法:平躺,嘴闭紧,缓缓吸气,同时收缩会阴部和肛门,维持此姿势数秒钟,然后还原(见图1-8-9)。

作用:预防子宫、阴道、膀胱下垂。

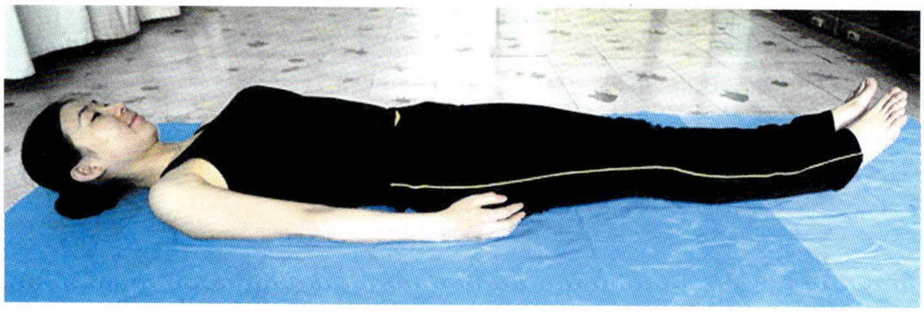

图 1-8-9 提肛运动

(三)产后形体恢复操练习时的注意事项

1. 从轻微动作开始,逐渐增加运动量,身体不适不要做运动。

2. 做操前先排便、排尿,衣着宽松。

3. 产后运动在饭后1小时进行,运动时保持心情愉快。

4. 运动时间为30分钟左右,每日1次,约3~5天后可以因人而异增加活动量,但不宜超过1小时,运动后不应感觉太疲惫。

5. 剖腹产的产妇在运动时要注意动作幅度,不要拉扯到伤口,影响伤口的愈合。

6. 侧切伤口或腹部伤口因做操而感觉剧烈疼痛,或运动后恶露明显增多超过月经量,呈鲜红色,应该停止运动。

九、月子餐的制作

月子餐的制作以营养均衡，制作清洁，就餐可口为原则。凡是有营养的食物均可食用，如肉食、鱼类、蛋类、蔬菜、水果、豆制品等，育婴员应帮助产妇及其家人改变传统坐月子中只吃小米粥、红糖、鸡蛋、鸡汤的单一膳食观念，合理安排产妇每天的3次正餐和3次加餐。

(一)月子里推荐的营养食物

1. 鸡蛋

鸡蛋中蛋白质及铁的含量较高，并含有许多其他营养素，容易被人体吸收。每日以3个为宜。

2. 营养汤

鸡汤、猪蹄汤、鲫鱼汤、排骨汤、牛肉汤等味道鲜美，每天调换食用，不仅能促进产妇食欲，还能增加乳汁分泌。

3. 红糖

红糖含铁量比白糖高1~3倍，吃红糖可以生血，可以补充产妇分娩的失血量。而且，红糖有活血作用，性温，能促进产后恶露的排出和子宫的恢复。

4．生姜

生姜有促进血液循环、提神、健脑的作用。熬红枣汤时加两片生姜，冬天可以御寒，夏天预防中暑。另外，用加过姜汤的热水洗头、洗脚、擦身，具有很好的保健效果。

5．山楂

山楂不仅能帮助消化，增进食欲，还能促进子宫收缩，加速子宫的恢复。

6．桂圆

桂圆是产后滋补的佳品，尤其对产后气血不足导致的体弱、乏力、失眠、食欲减弱等效果明显。

（二）产妇不宜的食物

1．辛辣、生冷、硬、咸的食物；

2．刺激性食物，如浓茶、酒精、咖啡等；

3．巧克力，其所含的可可碱会通过乳汁代谢，损伤到新生儿的神经系统、心脏、肌肉，造成新生儿爱哭闹；

4．酸涩收敛食品，如南瓜、乌梅等，阻止血行，不利于身体恢复；

5．保健品，需要在医生指导下选择使用。

（三）催乳食物

催乳食物包括：牛奶、大枣、芝麻、红糖水、小米粥、各种汤汁、猪蹄、猪肝、豆制品等。

（四）月子饮食的原则

1．少吃多餐，每天分5～6餐进食较佳；

2．荤素搭配；

3．干稀搭配；

4．盐量适宜。

(五)月子餐的制作步骤

月子餐的制作分为制作前准备、制作和制作后处理三个步骤。

1．制作前准备

(1)制定菜谱

①产妇在坐月子期间身体处于一个特殊时期，除了需要足够的营养以满足产后体力的恢复外，还要哺喂新生儿，因此需要均衡的营养、充足的汤汁、多样化的主食以及丰富的水果蔬菜（见图1-9-1）。由于产妇不定时哺乳，还需要增加每天饮食的次数。

图1-9-1　蔬菜及水果

②根据以上原则，月子餐每天分为早、中、晚3次主餐和上午10点、下午3点、晚上8点3次加餐，每天共6餐（见图1-9-2）。

图 1-9-2　月子餐

③主餐用菜基本上保持一荤、一素、一汤即可；下午加餐可选择小点心、水果；早晚加餐选择粥、面汤等。主食每天可变化多种花样。

（2）采购

蔬菜、水果要选择绿色产品，没有或少有农药污染的；肉类一定要选择经过国家检疫的畜禽产品。因此，采购时需到正规商店或大型超市购买。

2. 制作

（1）生熟菜板、刀具、抹布要分开；

（2）煲汤主料乌鸡、排骨等可以凉水下锅微火慢煮，以保持其营养成分；

（3）炒菜应该注意色、香、味俱全，既有营养又能使产妇享受到就餐的快乐。禁放辛辣、刺激性的调味品（见图 1-9-3）。

图 1-9-3　禁用调味品

3. 制作后处理

(1)将使用过的炊具清洗干净放回原处;

(2)将灶具、灶台、地面打扫干净;

(3)产妇就餐后收拾好餐具,清洗干净,并将可以保留的汤菜用保鲜膜蒙盖后放入冰箱。

4. 产妇食谱举例

产后 1 ~ 3 天:产后前三天不能吃油腻的东西,保持清淡。因为这时乳腺管未打开,宝宝吃得少,吸吮力也小,吃了大补的东西会影响乳汁的流出。

月子餐之第一天:

一杯萝卜水、白开水、红糖水、大米粥。

萝卜水的作用:促进胃肠功能恢复及预防肠胀气的发生。

月子餐之第二天：

早：自制小米粥、开水冲鸡蛋放红糖。

午：烂面条或者小米粥，面条汤可以用鲫鱼汤之类充当。

晚：白米粥（加几片生菜叶）、萝卜汤、醪糟冲鸡蛋（放点红糖——用来排恶露，醪糟冲鸡蛋——具有下奶的作用）。

月子餐之第三天：

早：白米粥（里面掺和点小米）。

午：白米粥（里面掺和点小米）。

晚：白米粥（里面掺和点红枣）、清炒鸡毛菜。

小米的作用：白米容易上火，加点小米能起到中和作用。

红枣的作用：排恶露。但是后期不宜多吃。

表 1-9-1　月子餐一周食谱举例

	早餐	加餐	午餐	加餐	晚餐	加餐
星期一	大枣莲子二米粥 煮鸡蛋 炸馒头片 小菜	牛奶 点心	花生排骨汤 红烧鱼块 鸡蛋炒青笋 米饭、麻酱卷	水果 点心	鲫鱼汤 鲜笋炖肉 蒜茸油麦菜 米饭、千层饼	龙须面 荷包蛋
星期二	红豆粥 煎鸡蛋 青丝卷 小菜	牛奶 草莓派	乌鸡汤 红烧平鱼 白菜炖豆腐 米饭、汤面	水果 点心	红枣花生猪蹄汤 红烧牛肉 香菇菜心 米饭、包子	小米粥 煮鸡蛋
星期三	杂粮粥 荷包蛋 馒头	牛奶 点心	胡萝卜土豆西红柿牛肉汤 红烧鸡翅 熏干芹菜 米饭、枣饼	水果 点心	当归炖母鸡 木须肉 鲜菇油菜 米饭、糖花卷	鸡汤混沌 荷包蛋
星期四	桂圆粥 煮鸡蛋 小花卷	牛奶 苹果派	鲫鱼汤 红烧排骨 素炒菠菜 米饭、发糕	水果 点心	黄豆猪蹄汤 炸鱼排 鸡蛋西红柿 米饭、金银卷	冰糖银耳莲子汤 煮鸡蛋
星期五	红枣小米粥 煮鸡蛋 馒头	牛奶 点心	花生莲藕老鸡汤 海带炖肉 粉丝小白菜 米饭、豆包	水果 点心	鲫鱼汤 腰果鸡丁 素炒白菜 米饭、肉笼	醪糟蛋花 荷包蛋
星期六	棒渣粥 豆沙卷 煎鸡蛋	牛奶 蛋黄派	红枣花生排骨汤 酱翅中 胡萝卜豆腐丝 米饭、水饺	水果 点心	大骨头白萝卜汤 坛子肉 素炒油麦菜 米饭、糖包	鸡汤面 荷包蛋
星期日	花生豆粥 炸馒头片 煮鸡蛋	牛奶 点心	莲藕猪蹄汤 清炒虾仁 西红柿炒鸡蛋 米饭、枣饼	水果 点心	鲫鱼豆腐汤 板栗烧鸡块 毛豆炒青椒 米饭、豆包	疙瘩汤 荷包蛋

十、剖腹产产妇的护理

剖腹产是医生剖开腹壁和子宫，取出胎儿及其附属物的过程。剖腹产手术伤口深，创面大，产妇恢复慢。如果护理不当，易发生术后并发症。

（一）剖腹产产妇常见的异常表现及护理内容

1. 下肢深静脉血栓

（1）表现：剖腹产术后容易发生下肢深静脉血栓，常表现为下肢疼痛、水肿、压痛，心跳及呼吸加速。此病常见于肥胖、年龄较大或多胎等情况的产妇，多由于产后不能早日下床活动造成。

（2）护理：剖腹产术后双脚恢复知觉后就开始肢体活动，24小时后在家人协助下练习翻身、坐起，下床慢慢移动。早活动不仅能预防静脉血栓形成，还可以增加胃肠蠕动，预防肠粘连。

2. 尿潴留

（1）表现：剖腹产术后常规留置尿管24小时。拔出尿管后3～4小时产妇应排尿，否则易发生尿液潴留。

（2）护理：详见“产妇常见症状及护理”中的“尿潴留”。

3. 饮食

（1）表现：剖腹产手术一般在硬脊膜外麻醉下完成，术后6小时内禁食禁水。6小时后，饮食要根据肠道排气情况逐渐调整，直至普食。

（2）护理：①产后6小时内若产妇口渴，可喂少量温水，或用棉签蘸水涂抹嘴唇；②排气前可喝萝卜汤促进肠道排气，排气后可从汤、粥开始过渡到普食；③术后1周内禁食鸡蛋牛奶，以免胀气；④避免进食油腻食物；⑤避免咖啡、茶、酒、辣椒等刺激性食物；⑥1周后开始进食鱼、肉、蛋等高蛋白食物，帮助组织修复；⑦多吃蔬菜、水果，补充膳食纤维，预防便秘；⑧因手术失血过多产妇宜多吃含铁类食物。

4. 伤口

（1）剖腹产伤口分为直切口和横切口两种。一般术后换药2次，第5～7天拆线。肥胖、糖尿病、贫血等情况的产妇伤口要延迟拆线。

（2）如果产妇的手术时间长、术中出血多、产妇本身抵抗力差，或产前有感染迹象等，易发生伤口感染，每日需要特别注意观察伤口情况。

新生儿护理

宝宝在宫腔的时候，"住着"恒温、无菌的"寝宫"，不用哭，不用自己呼吸，需要生长发育的营养就会源源不断地送到他（她）的体内。可是，新生儿一旦离开母体，一切都改变了，他（她）要学会自己吸吮、吞咽，要自己用肺呼吸，要自己用哭声唤起旁人的注意……这一切，对于新生儿是多么大的挑战。并且，他（她）还要应对各种细菌病毒的侵袭。新生儿，即使是足月儿，他（她）身体的各个器官都尚未完全发育成熟，很难适应来自外界的各种变化。所以，帮助新生儿顺利健康地度过产褥期，需要我们认真对待，从宝宝的每一件事情、每一个动作入手，掌握宝宝的生理变化和生活规律，根据新生儿的特点制定一套科学的育儿计划。

一、新生儿用品的整理、清洗和消毒

新生儿脱离母体后，虽然带着母亲给的“抵抗力”（免疫球蛋白），仍旧难以应对外界环境细菌病毒的干扰。所以，凡是新生儿的用具，包括奶具、尿布、衣物、被褥、玩具等，都需要科学的洗涤和处理，才能有助于新生儿安全、健康的成长。

（一）新生儿用品分类整理

1. 衣物

建议产妇购买新生儿衣物时，最好选择宽松、柔软、舒适的白色或浅色棉质内衣裤，易于穿脱的、不系纽扣的开襟和尚衫（见图2-1-1）。新生儿的衣物要存放在专用的小柜子里，最好是木制的，放在婴儿床附近，便于存取。柜子要干燥通风，柜子里不要放樟脑丸或其他驱虫剂。

图 2-1-1　宝宝的衣服

2．被褥和床

床上用品以棉质为主，透气性要好。婴儿床要有防护栏，防止新生儿从床上掉下来磕伤、碰伤；婴儿床应是木制的，以木本色为佳，防止油漆对新生儿的污染。夏季应支上蚊帐，以防蚊虫叮咬（见图 2-1-2）。

图 2-1-2　婴儿床和被褥

3．奶具

指导产妇至少购买不同大小的奶瓶两个，奶瓶以玻璃瓶为佳（一个喂水，另一个喂奶或储存母乳）。另外可准备专门的保鲜袋保存母乳。奶瓶和奶嘴一定要做到使用一次,清洗一次,消毒一次。奶嘴孔的形状、大小选择要合适。

4. 清洗用具

脸盆、洗澡盆、洗衣盆、洗尿布盆、消毒锅、毛巾、浴巾、洗瓶刷等都是宝宝专用的。

5. 玩具

选择的玩具应安全、颜色鲜亮,适合孩子年龄的要求。孩子的第一件玩具往往是自己的小手手,所以始终要保持宝宝小手的洁净。

(二)新生儿用品消毒指导

1. 衣服、被褥的消毒

将新生儿的衣服、被褥分开清洗(与大人的衣物也要分开),最好手洗。用婴儿专用皂或洗衣液洗涤,然后用清水反复清洗,直至无泡沫,并置于阳光下晾晒。衣服上的奶渍、污渍可以先用洗洁剂清洗掉,再按照常规方法洗涤。

2. 尿布的消毒

(1)新生儿的尿布每次大小便后均要清洗。小便的尿布可用热水浸泡后清洗,拧干,用开水烫后晾晒。大便的尿布先在凉水下用刷子刷掉大便,然后用中性皂擦在尿布上搓洗干净,确保尿布上无大便的黄色痕迹,最后开水冲烫后晾晒。

(2)腹泻(拉肚子)孩子的尿布洗干净后,开水煮沸30分钟,然后太阳下晒干。注意清洗尿布要使用专门的盆子。

(3)如果没有晾晒条件,不可用炉火烘烤,防止尿布返潮刺激婴儿皮肤。可以用熨斗烫干。

3．奶具的消毒

(1)每次喂完奶或水后，立即清洗奶瓶，避免细菌滋生。

(2)每天早上消毒清洗干净的奶具：先将耐热的玻璃奶瓶、镊子等放置在专用消毒锅内，蒸汽消毒10～15分钟，再将奶嘴、奶盖、奶圈等用纱布包着一起放入锅中煮5～10分钟。如中途放置其他奶具，需重新计时。

(3)消毒后的奶具注意不要用手直接接触奶瓶口及奶嘴，应用夹子取出，倒置控干水分，备用。

二、新生儿常见的生理状态

刚刚出生的宝宝娇嫩可爱，但是有些新生儿处于特殊生理状态，家长不识别，常常弄巧成拙。所以，应正确识别新生儿特殊生理状态，做到心中有数。

(一)生理性黄疸(见图 2-2-1)

1. 表现

(1)新生儿出生后的 2～3 天出现巩膜及皮肤的黄染，4～5 天达到高峰，足月儿 10～14 天消退，早产儿 3～4 周消退；

(2)黄染的部位主要在面部及躯干部；

(3)新生儿一般情况良好，睡眠、吃奶及大小便基本正常。

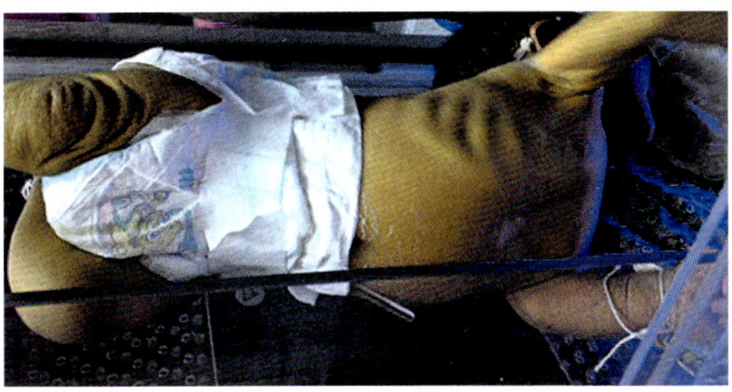

图 2-2-1　新生儿黄疸

新生儿黄疸的原因与自身胆红素代谢的特点有关，简单地说就是新生儿体内产生的胆红素相对较多，但对胆红素的排泄能力低，因此出现黄疸。

2. 护理

(1)生理性黄疸不需特别处理。

(2)尽早让新生儿进食,促进胎粪排出,建立正常肠道菌群,减少胆红素在肠道的吸收,可以减轻黄疸。

(3)在护理过程中,有以下表现的,疑为病理性黄疸,应立即就诊:①黄疸程度重,金黄色遍及全身;②足月儿超过2周,早产儿超过4周黄疸仍持续不退甚至加深,或减轻后又加深;③食欲不佳、呕吐,烦躁或精神萎靡等。

(二)生理性体重下降

1. 表现

新生儿在出生后数日内,会出现体重下降(3%~9%),但一般不超过10%,出生后10日左右恢复到出生时体重(见图2-2-2)。

图2-2-2 生理性体重下降

2. 护理

新生儿生理性体重下降与新生儿出生后头几日内胎粪排出、吃奶少、皮肤水分蒸发有关。一般情况下,生理性体重下降不需要特殊处理，只要合理喂养、细心护理，很快就能恢复正常体重。

（三）生理性乳腺肿大和假月经

1. 表现

（1）生理性乳腺肿大：足月新生儿出生后3~5日，乳腺可触到蚕豆到鸽蛋大小的肿块，多于2~3周自然消退。男女婴均可出现。

（2）假月经：部分女婴出生后5~7日，可见阴道流出少量的血液，持续1~3日后自然停止。

2. 护理

（1）生理性乳腺肿大及假月经是因为胎儿在母体内长时间受高雌激素影响，出生后雌激素突然消失引起；

（2）不需特殊处理；

（3）尤其新生儿乳腺肿大切勿用手挤捏，以免引发感染。

（四）新生儿粟粒疹（见图2-2-3）

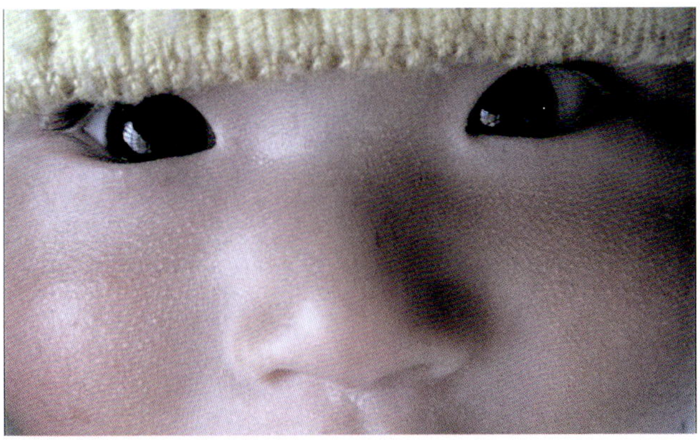

图2-2-3 新生儿粟粒疹

1. 表现

（1）新生儿粟粒疹是在新生儿出生后的几周内，鼻尖、鼻翼或面颊出现的黄白色针尖大小的小疹；

(2)新生儿粟粒疹多是因为新生儿皮脂腺功能发育不成熟,皮脂腺阻塞形成的。

2. 护理

不需特殊处理,可自行消退。注意每天清洁脸部时动作轻柔,切勿挤压或挑破,以免皮肤感染。

三、护理新生儿的五项基本技能

在日常的照料和生活中，要充分利用各种机会观察宝宝。当孩子安静的时候、喂奶的时候、换尿布的时候、睡觉的时候，将爱和关心给予宝宝，观察他（她）的各种需求和变化。具体来说，护理新生儿的基本护理技能有五项：测体温、穿衣盖被、剪指甲、观察睡眠和更换纸尿裤。

（一）测体温

1. 体温计的种类

体温计有常见的水银体温计、电子体温计，还有少见的贴纸体温计、奶嘴体温计等。近年来体温计的种类愈来愈多，不同的体温计各有其优缺点，常用的是下列两种：

（1）玻璃水银体温计：这是最常见的体温计，可以用作口表、肛表和腋表三种检查。这种体温计测量准确，价格便宜。但是刻度过细，测量出来的体温不容易被读取，而且容易被打破，水银溢出造成污染（见图2-3-1）。

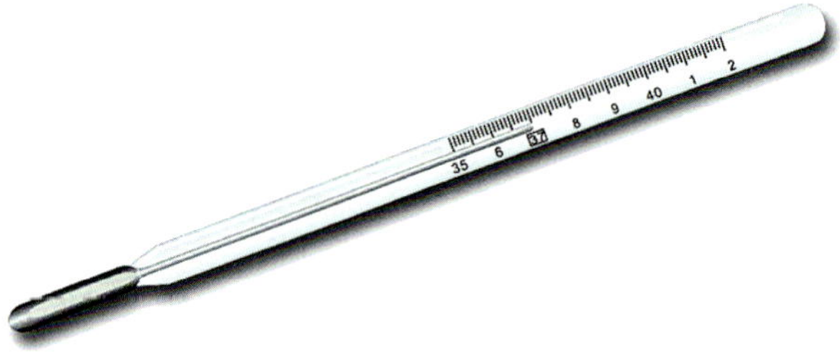

图 2-3-1　玻璃水银体温计

(2)电子数字显示体温计:这是近年来广泛使用的新产品,它是一种以数字显示的体温计(见图 2-3-2),相对玻璃水银体温计容易读取。

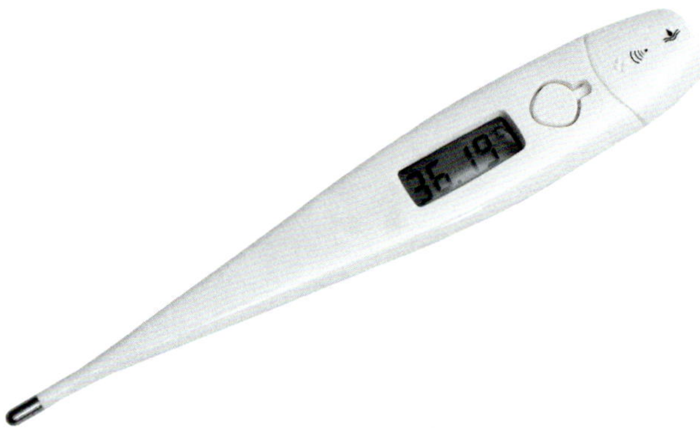

图 2-3-2　电子体温计

2. 正常新生儿体温在 36 ~ 37 ℃之间,每日测量体温不少于 2 次。

3. 测量方法

(1)玻璃水银体温计的使用:先将体温计水银柱甩到 36 ℃以下,然后把体温计表头放在新生儿腋下,用手轻轻压住新生儿上臂使其将表夹紧,测量时间为 5 分钟。取出后,转动表身见到水银柱,再看刻度,读出刻度数。

(2)电子数字显示体温计的使用:开启开关,然后将表头放在新生儿腋下。时间约 1 分钟,拿出,读取显示的数字。

4. 存放

(1)玻璃水银体温计:使用后用75%酒精擦拭,或者浸泡在75%酒精溶液中,30分钟后取出晾干,备用。

(2)电子数字显示体温计:使用后用棉花棒或卫生纸蘸取酒精,擦拭消毒电子体温计感温头和量温棒部分。为避免电子体温计机件受损,请不要用酒精或其他溶液接触感电子体温计感温头及量温棒以外的部件,并且远离磁场。

5. 新生儿腋下有汗液,需擦干后测量。在测量体温前新生儿吃奶、大声啼哭、包裹过厚、洗澡等,需等待30分钟后再测量,否则测量体温高于实际体温。

(二)穿衣盖被

1. 新生儿期是孩子开始适应环境的第一个时期,室温应该保持在22~26 ℃之间,湿度保持在55%~65%。过冷过热,对新生儿都不利。

2. 在适宜的室温下,新生儿一般应穿纯棉连身服,不要给新生儿穿分身的衣服,因为在抱起时,分身服容易露出肚子,导致新生儿着凉或擦伤脐带部位。另外,分身服的皱褶在睡觉和卧床时会压伤新生儿娇嫩的肌肤。

3. 新生儿的包被一般以纯棉的为好,不宜太厚,夏天时一般用夹被即可,冬天则需要稍厚一点的棉被,但不宜太厚(见图2-3-3)。

图 2-3-3 新生儿包被

4. 新生儿在穿衣盖被方面应注意适度，不宜太多太厚，打开包被时宝宝的小手和小脚丫微温为宜。如果看到或摸到新生儿头部、手心出汗，并且出现烦躁、哭闹、面部潮红或体温比平时稍高，可能是穿衣盖被太多了，应适当减少；如果新生儿手脚发凉，则有可能穿盖少了，应加衣或加被。这一点很重要，新生儿的体温调节中枢发育不完善，体温随外界环境的温度变化而改变，所以，宝宝的穿衣盖被就显得格外重要。记住一句话：孩子的手和脚丫微温就可以啦。

（三）剪指甲

1. 新生儿指甲长得特别快，每隔一周左右就要修剪一次。不及时修剪，新生儿可能会抓伤自己。

2. 给新生儿剪指甲应使用婴儿专用的指甲刀，钝头、前部呈弧形的小剪刀（见图 2-3-4）。

图 2-3-4　指甲剪

3. 剪指甲应选在新生儿睡眠时或比较安静的时候进行；修剪时要抓紧宝宝的手，以免晃动剪伤新生儿细嫩的小手指（见图 2-3-5）。

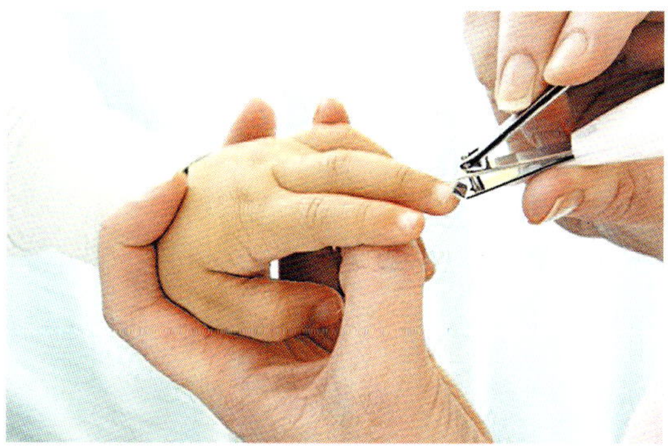

图 2-3-5　剪指甲

4. 新生儿的指甲一般不宜剪得太短，以免伤及宝宝的嫩肉或引起甲沟炎。

5. 尽量使修剪后的指甲圆滑，不应留有棱角或尖刺。如发现，及时磨掉。

6. 如果指甲内有污垢，修剪后应清洗宝宝双手。

7. 如果误伤了宝宝手指，应尽快消毒包扎。

（四）观察睡眠

1. 一般情况下，新生儿睡眠时间为20个小时左右。

2. 宝宝不良的睡眠姿势，可能会影响头部或脸部的正常发育。

3. 新生儿出生24小时内习惯保持宫腔内的姿势，四肢屈曲。如果强行绑直四肢，宝宝会不舒服，影响睡眠质量。

4. 宝宝出生24小时内，应以侧卧睡姿为主。因为宝宝会随时吐出经过产道时吸入的羊水和黏液，避免发生窒息。

5. 宝宝出生24小时后，睡觉的姿势可以是仰着睡（见图2-3-6）、趴着睡（见图2-3-7）、侧着睡，只要不压着鼻子和嘴巴就可以。

图2-3-6 仰着睡

6. 新生儿胃的出口在腹部右下方，所以喂奶后应让宝宝右侧卧位，避免溢奶或吐奶。

7. 新生儿在睡眠的时候会手足突然抖动或者一惊，这不是抽风，是正常睡眠现象。有时也会吭吭几声，蠕动身体，这也不是什么问题，不过是睡累了换个姿势，属于正常的睡眠现象。

8. 尽量让新生儿单独睡一张小床，不要抱着睡觉，培养宝宝的独立性和良好的睡眠习惯。

图 2-3-7 趴着睡

9. 新生儿期的枕头不宜过高，以免影响宝宝的呼吸和发育（成驼背），侧卧时，耳郭不要卷压到前面。

（五）更换纸尿裤

1. 纸尿裤使用的注意事项

（1）纸尿裤使用方便，但是不及时更换，易发生尿布疹；

（2）涂抹凡士林油、氧化锌软膏或尿疹膏有助于保护新生儿皮肤不受潮湿的影响；

（3）爽身粉可以减少纸尿裤和新生儿皮肤之间的摩擦，但是，一旦被尿浸湿，就不起作用了。

2. 更换纸尿裤的时间

（1）每次喂奶之前（或喂奶30分钟后）；

（2）新生儿睡觉前；

（3）新生儿醒来后；

（4）每次大便后；

（5）新生儿外出前。

3．更换纸尿裤的方法

（1）先解开纸尿裤的搭扣，然后折叠搭扣。

（2）用尿不湿将外阴顺势擦拭干净，向内卷起脏尿不湿。

（3）把宝宝的臀部提起离开台面，取出脏尿不湿，下面可垫隔尿床垫。

（4）用湿纸巾或湿毛巾将宝宝的臀部由上而下擦拭干净。如果只是尿湿了，换一条即可；如果有大便，先用湿纸巾或软毛巾擦去大便，再用温水将臀部清洁干净（擦洗女婴外阴时，应由前往后、由外向内擦洗，清洁屁股和大腿，向里洗至肛门处）。如果新生儿腹泻，可使用新生儿专用肥皂。擦净后，在新生儿臀部涂上软膏或者凡士林油。

（5）给宝宝换上干净的纸尿裤，先将下端拉上来，不要遮住脐带。然后扣好纸尿裤两侧的搭扣，确保不松不紧，展平大腿两侧皱褶处，整理衣服。

四、护理新生儿的其他技能

新生儿的成长，离不开大人们的细心呵护。在孩子吃好、睡好的同时为孩子提供空气浴、日光浴、游泳、抚触等技能锻炼，不仅能满足婴儿生长发育的需求，还能在锻炼中加深母子感情。

(一)婴幼儿“三浴”锻炼

“三浴”是指空气浴、日光浴和水浴。婴幼儿“三浴”锻炼，方法简便、实用、易操作，是新生儿保健最基本的方法。“三浴”锻炼是利用大自然的阳光、水和空气的变化让宝宝肌肤接受不同的刺激进行锻炼，促进机体良好发育，增强自身对疾病的抵抗力和耐受力。

1. 空气浴(见图2-4-1)

(1)空气浴是将宝宝身体的大部分皮肤暴露在空气中，利用湿度、温度和气流的变化，对肌肤起到一种刺激作用。宝宝在接受新鲜空气的时候，提高了神经和心血管系统反应的灵敏度，增强了机体对温度变化的调节能力。空气浴不仅促进了皮肤的呼吸作用、吸收较多的氧气、抑制细菌生长、防止感冒，还能增强宝宝食欲，使宝宝脸色红润，身心愉悦。

(2)婴幼儿最适宜的气温平均为20～24 ℃,低于20 ℃和超过30 ℃的气温均不宜做空气浴。新生儿的空气浴从室内开始进行,以后逐步过渡到阳台、室外。最好从夏季开始,逐渐过渡到秋、冬季节。

(3)空气浴时,宝宝应穿宽大单薄的衣服。气温适宜,要尽可能使宝宝身体与空气直接接触,先脱去鞋、袜,露出小腿,然后脱去长裤,直至将上衣全部脱去,只穿内裤。上述整个过渡阶段约1～2周。空气浴时应与多种活动、游戏、体操等结合起来,提高宝宝空气浴的兴致。

图2-4-1 空气浴

(4)每次空气浴的时间,开始时2～3分钟,逐渐延长到10～20分钟。

(5)在整个空气浴过程中,要密切观察宝宝的反应,如有打喷嚏、起鸡皮疙瘩、打寒战、面色苍白等情况,需立即停止;以后根据孩子情况调整空气浴的进行。

2. 日光浴(见图2-4-2)

(1)阳光中有两种射线,作用不同。红外线使人温暖,血管扩张,增强抵抗力;紫外线可杀菌,能帮助机体吸收钙和磷,预防佝偻病。但是,紫外线不能穿透玻璃和衣服。

(2)日光浴的场地最好选择清洁、平坦、干燥、绿化较好、空气流畅但又避开对流风的地方,朝向南或东南。

(3)日光浴最好的时间是春、夏季到初秋,气温20~24 ℃为宜。夏季高温不宜日光浴,冬季根据气温变化选择进行。夏季日光浴,南方以上午8~10时,北方以上午9~11时进行为宜;春、秋、冬季可以在上午10~12时进行。

图2-4-2　日光浴

(4)开始时时间宜短,1~2分钟即可。如无不适反应,需逐渐延长时间,每次增加1~2分钟。

(5)日光浴时应注意保护宝宝的眼睛,避免阳光直接照射宝宝的眼睛,可以戴遮阳帽或护目镜。

(6)空腹或饭后1小时内不宜进行日光浴。

(7)日光浴后应及时补充水分。夏季日光浴后要注意皮肤灼伤(所谓日光性皮炎)、脱皮等,如有应暂停数日。

（8）发现宝宝满头大汗、面色发红应立即停止日光浴。

3. 水浴

（1）水浴是利用水的温差刺激宝宝身体表面，加强身体对外界冷热变化的适应能力，提高大脑对体温的调节能力；通过对宝宝皮肤的反复擦拭可以增强体质，有利于宝宝的生长发育。

（2）水浴锻炼一般是在进行了空气浴和日光浴之后才开始的。

（3）新生的宝宝宜行温水浴：室温22～24 ℃，水温35 ℃左右。根据宝宝的适应情况，每隔2～3天降低水温1 ℃。婴儿和体弱幼儿，水温可逐渐降至26～28 ℃左右，较大的孩子水温可降至22～24 ℃左右，以后维持。

（4）新生宝宝谨防腹部着凉，水浴时应在其腹部覆盖毛巾。

（5）擦浴时，以软毛巾蘸水依次擦拭宝宝左右上肢、下肢、胸、腹及背部等部位。注意动作轻柔。完毕后用干毛巾擦干，抹上婴儿润肤露后再穿上衣服，整个过程约5～6分钟。

（6）如果宝宝有发冷、发抖、面色苍白等反应，立即停止水浴并予以保暖。体弱儿不宜进行水浴。

4. 三浴锻炼的基本原则

（1）三浴锻炼顺序：空气浴→日光浴→水浴。待宝宝适应后，三浴可同时进行，如上午进行空气浴和日光浴，睡前进行水浴。

（2）锻炼从小开始，持之以恒，最好坚持每天锻炼。

（3）循序渐进，由简单到复杂，时间逐渐延长，强度逐渐增加。

（4）因地制宜，注意宝宝的个性特点。

（5）三浴锻炼应与宝宝的生活习惯紧密结合，将其作为宝宝日常生活中的一项重要活动。

（6）严格控制每次锻炼的时间。锻炼过程中要有人监护、观察，一且出现不正常反应立即停止。

(二)新生儿洗澡

1．新生儿洗澡的目的

(1)新生儿代谢旺盛,出汗多,大小便次数多,如不及时清洗,新生儿娇嫩的皮肤容易被感染。

(2)洗澡能促进血液循环,增强皮肤排泄功能。同时,通过水压、水温等刺激起到锻炼的作用,促进新生儿的生长发育。

2．新生儿洗澡的方法

(1)准备

①操作者着装整洁,洗手,修剪指甲,取下手表、戒指等饰品;

②取出待用物品,干净婴儿衣服、尿布、大小毛巾、婴儿专用沐浴液(皂)、75%酒精(或0.2%安尔碘)、消毒棉签、婴儿护肤露、浴盆、浴床、温水(38~42 ℃);

③关闭门窗,调室温至26~28 ℃。

(2)洗浴

①脱去宝宝衣物,留尿布,外用大浴巾包裹宝宝全身。

②洗脸:宝宝躺在浴床上,操作者用温水浸湿小毛巾依次擦净宝宝双眼、额部、鼻翼、面部、耳后、颌下(见图2-4-3)。

③洗头:操作者用左臂夹住婴儿的身体,并托稳头颈部,左手拇指及食指分别向内盖住耳朵,防止水流入。右手抹上婴儿洗发精,轻柔地按摩洗涤头部,然后冲洗、擦干。

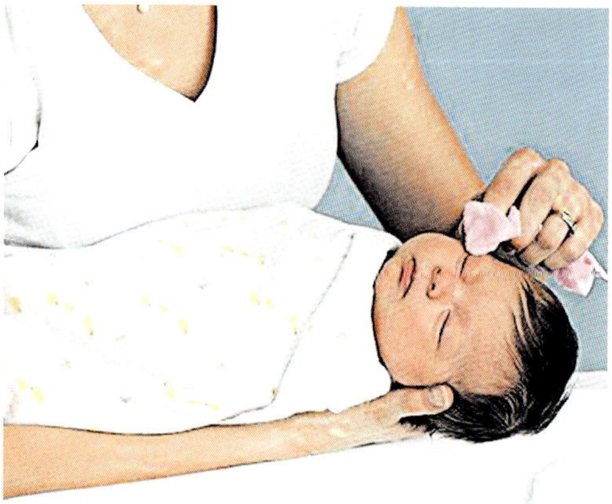

图 2-4-3 洗脸

④擦洗全身：将宝宝放在浴床上，取下尿布和浴巾，一手托住婴儿头、颈、肩部，另一手托住宝宝下腹部及臀部，将宝宝身体缓慢置于水中，宝宝头颈部始终仰卧在操作者的腕关节上。用浴盆中调好沐浴液的水依次擦洗颈、上肢、躯干（胸、腹、背）、下肢、会阴部、臀部及肛门（见图 2-4-4）。

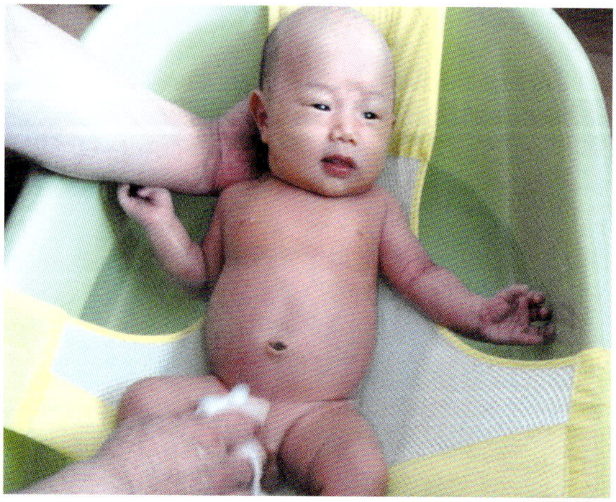

图 2-4-4 擦洗全身

⑤冲洗全身：换一盆干净温水用小毛巾按以上顺序依次冲洗干净孩子全身(由上身到下身)。

(3)擦干、穿衣

①抹身(见图2-4-5)：用大毛巾将婴儿抱至浴床上，擦干全身(头、身、腋窝、上肢、下肢、臀部)；

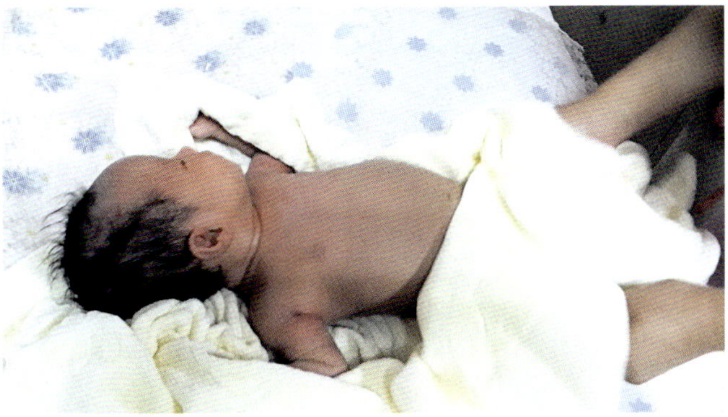

图2-4-5 擦干

②穿内衣：穿内衣并垫尿片于臀下；

③护脐：用75%酒精或0.2%安尔碘由内向外清洁消毒脐窝；

④护身：颈部、腋窝皱褶部位和臀部涂护肤露；

⑤穿外衣：穿好衣服，包裹舒适。

(4)分类整理使用过的物品

3. 注意事项

(1)洗浴前评估婴儿一般情况，有发烧、腹泻等不适症状时避免洗浴；

(2)备好需要使用的物品，摆放有序；

(3)洗澡时尽量不要把水溅入眼睛、鼻腔、耳朵及口腔；

(4)保持室温恒定，冬天要预热衣物；

(5)沐浴前30分钟不喂奶,沐浴过程观察婴儿反应;

(6)操作过程动作要轻柔,注意保暖,避免受凉及损伤;

(7)浴盆里的洗澡水应先放冷水,再加热水,用水温计或手肘腕部试水温(水温38~42 ℃为宜)。

(三)新生儿抚触

通过抚触者双手对新生儿皮肤各部位进行有次序的、有手法技巧的抚摸,产生大量温和的刺激传到大脑,引起新生儿良好的生理反应。新生儿抚触有利于宝宝体格和智力的生长发育;可以刺激婴儿的淋巴系统,增强抗病能力;提高婴儿睡眠质量;帮助平复婴儿暴躁情绪,减少哭闹。

1. 新生儿抚触操作流程

(1)准备

①操作者:着装整洁,修剪指甲,摘下手表、戒指等饰品;

②待用物品:润肤油、大毛巾、婴儿衣物、尿布;

③操作环境:关门窗,调室温至26~28 ℃,播放柔和的音乐;

④脱衣服:脱去宝宝全身衣服、尿布,全身裸露,放在床上。

(2)抚触过程

①按摩头面部:操作者双手拇指指腹从前额中心往外推压至太阳穴;用双手拇指指腹自下颌处往外滑动,划出一个微笑状;两手从宝宝前额中央的发际,慢慢滑动到后发际至耳后,避开大小囟门(见图2-4-6)。

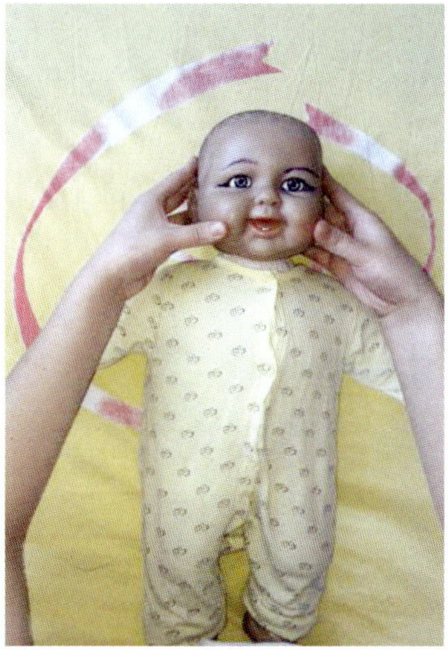

图 2-4-6　按摩头面部

②按摩胸部:双手放在宝宝两侧肋缘,四指并拢,用右手指腹从左侧向上滑向婴儿右肩,复原,左手以同样的方法滑向对侧,像在宝宝的胸部划了个“X”。滑动时避开宝宝乳头(见图 2-4-7)。

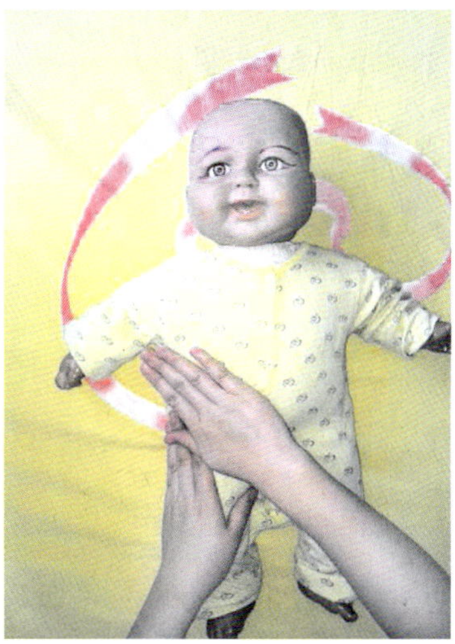

图 2-4-7　按摩胸部

③按摩腹部:双手指腹按顺时针方向按摩腹部,从右下腹到上腹部到左下腹半圆滑动,在脐痂未脱落前不要按摩该区域。

④按摩上肢：将婴儿双手下垂，用一只手捏住其胳膊，双手交替从上臂到手腕轻轻旋转挤捏；然后用两拇指抚摸宝宝手掌心，其余四指抚摸手背；用拇指、食指和中指轻轻揉捏宝宝手指根部到指尖；最后，操作者双手夹着宝宝小手臂由上而下轻轻搓滚手臂肌肉群至手腕。用同一方法按摩另一只手。也可以每个动作交替在宝宝左右手之间进行（见图2-4-8）。

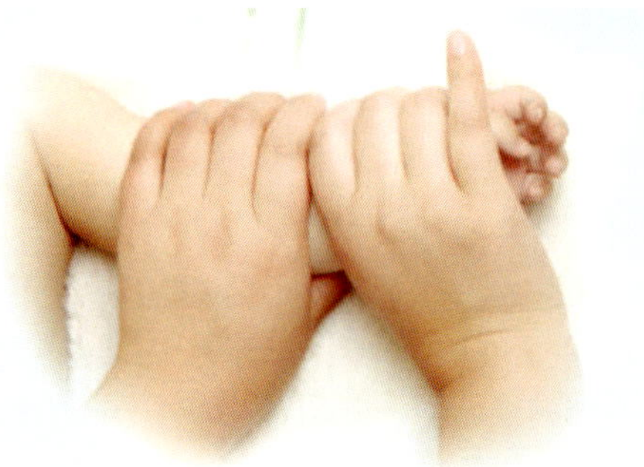

图2-4-8　按摩上肢

⑤按摩下肢：双手交替轻轻挤捏宝宝的大腿、膝部、小腿；然后，一手抓住宝宝脚踝，另一手四指放在宝宝脚背，拇指在脚底，自脚跟部轻轻抚触至脚趾；最后，双手夹住宝宝大腿，轻轻搓滚腿部肌肉群至脚踝。用同一方法按摩另一条腿。或者每个动作交替在宝宝左右腿之间进行（见图2-4-9）。

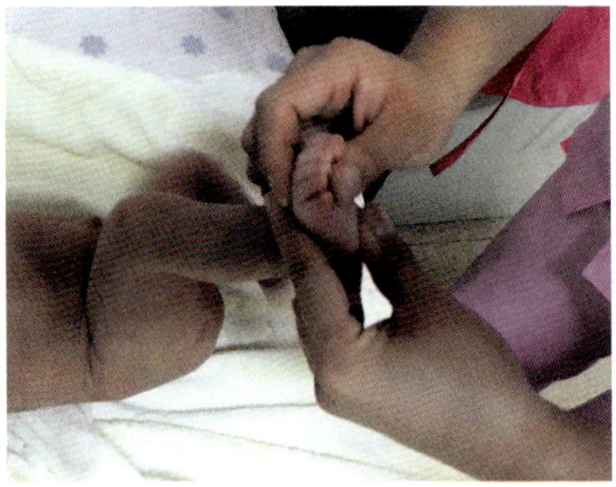

图2-4-9　按摩下肢

⑥翻身：右手固定头、颈、肩部，左手托住前胸及双手，缓慢将宝宝转成俯卧位，头偏向一侧。俯卧时，脚先落下，然后是胸，最后是头。

⑦按摩背部：双手平放在宝宝背部，四指并拢，垂直脊椎，用指腹从颈部向下轻轻按摩两侧的肌肉至小屁股；然后，双手指腹顺着脊柱两侧纵行交替向下抚触，可重复进行；最后，双手揉搓宝宝的小屁股（见图2-4-10）。

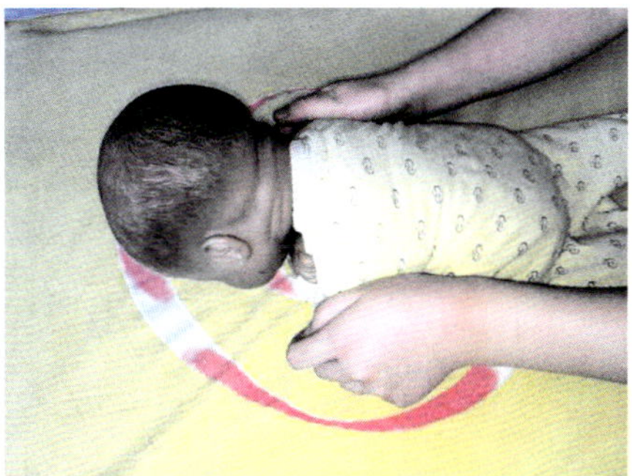

图2-4-10　按摩背部

（3）按摩后整理：观察婴儿反应；穿衣，包裹；整理使用过的物品，分类放置。

3．注意事项

（1）评估婴儿一般情况，如宝宝全身皮疹、脓疱疹等不宜按摩。

（2）保持按摩时室温恒定，若冬天房间较冷，可以盖上被子，手在被子里给裸露的婴儿进行抚触，也可以不同时间抚触按摩不用部位。

（3）操作者按摩前需温暖双手，将婴儿润肤油倒在掌心，开始时轻轻抚触，随后逐渐增加压力，使婴儿逐渐适应抚触。按摩力度适当，按摩顺序正确，手法规范、熟练。

（4）婴儿保持舒适状态，不要强迫保持固定姿势。按摩过程观察婴儿反应，如婴儿哭闹，先设法让婴儿安静，然后方可继续。一旦婴儿哭得厉害应停止抚触，因为婴儿可能想要拥抱、喂哺或睡觉。出现面色改变应暂停按摩。

(5)按摩宜在两餐间进行，婴儿觉得疲劳、饥渴或哭闹时都不宜抚触。每次抚触时间约10～15分钟。确保抚触时不受打扰，可以放一些柔和的音乐帮助彼此放松。

(6)不要让宝宝的眼睛接触婴儿润肤油。

(四)婴儿被动操

1. 婴儿被动操不仅是促进婴儿全身发育的好方法，还是一个很好的亲子游戏项目。每天坚持给新生儿做被动操进行体能锻炼，不但可以促进他(她)体格的发育，还能促进他(她)神经系统的发育。

2. 婴儿被动操适用于2～6个月的婴儿，根据月龄和体质，循序渐进，每天可做1～2次。一般选择在宝宝睡醒后、洗完澡时等宝宝心情愉快的状态下进行。做操时宝宝少穿些衣服，或所着衣服宽松、质地柔软。操作时动作要轻柔有节律，可配上音乐，使宝宝全身肌肉放松。婴儿被动操共8节。

3. 操作方法

预备姿势：婴儿仰卧，妈妈双手握住婴儿手腕，把拇指放在婴儿手掌内，让婴儿握拳，两手放在婴儿两侧。

(1)扩胸运动

①两手左右分开，向外平展，与身体成90°角，掌心向上(见图2-4-11)；

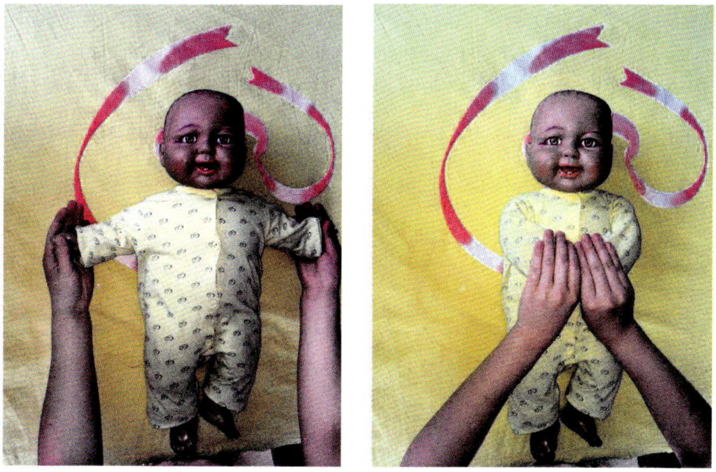

图 2-4-11　扩胸运动

②两手胸前交叉；

③同①动作；

④还原。

重复2个八拍。

(2)屈肘运动

①向上弯曲左臂肘关节(见图2-4-12)；

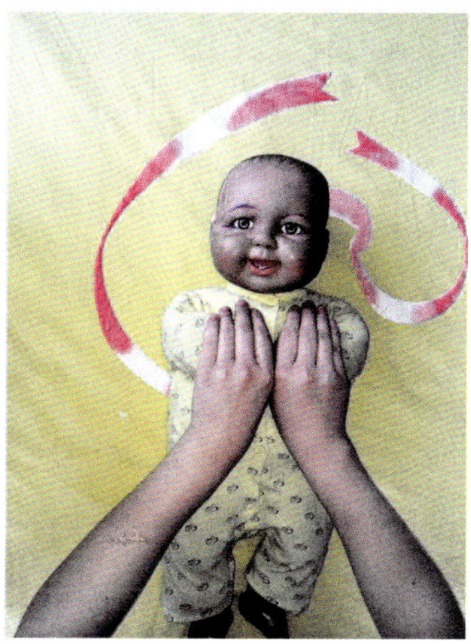

图 2-4-12　屈肘运动

②还原；

③向上弯曲右臂肘关节；

④还原。

重复2个八拍。

(3)肩关节运动

①左手由内向外做圆形的旋转肩关节动作，重复四拍；

②右手做同样的动作，重复四拍。

(4)上肢运动

①两手左右分开，向外平展与身体成90°角(见图2-4-13)；

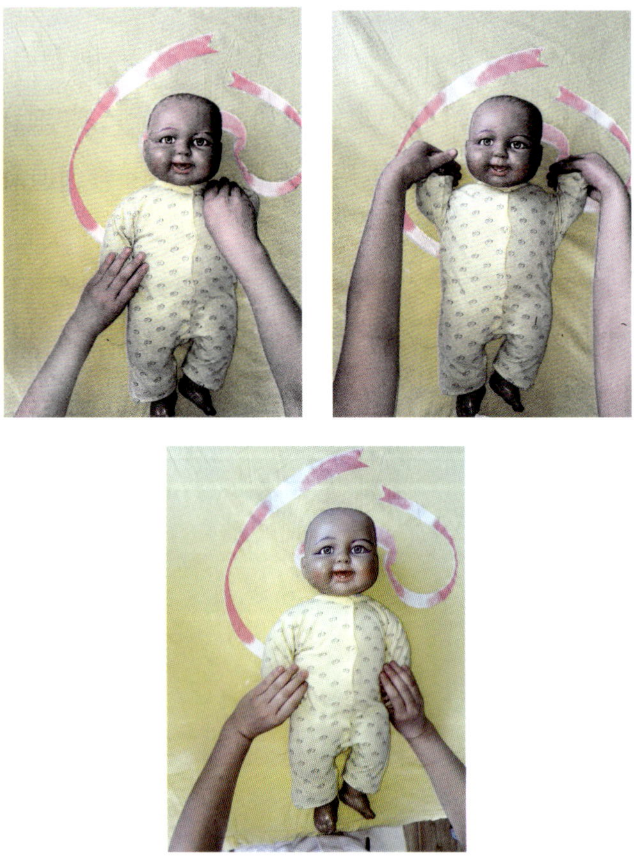

图2-4-13　上肢运动

②两手向前平举,两掌心相对,距离与肩同宽;

③两手胸前交叉;

④两手向上举过头,掌心向上,动作轻柔;

⑤还原。

重复2个八拍。

(5)踝关节运动

①预备姿势:婴儿仰卧,妈妈左手握住婴儿的左踝部,右手握住婴儿左足前掌(见图2-4-14);

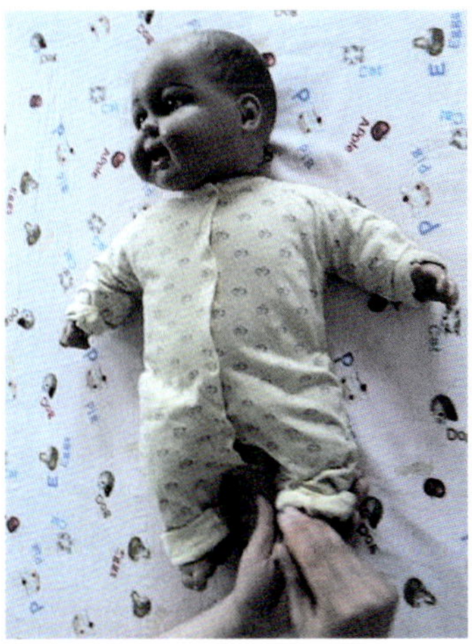

图2-4-14 踝关节运动

②足尖向上,屈曲踝关节;

③足尖向下,伸展踝关节;

④换右足做相同动作。

重复2个八拍。

(6)下肢伸屈运动

①预备姿势:婴儿仰卧,两腿伸直,妈妈双手握住婴儿两小腿,交替伸展膝关节,做踏车样动作(见图2-4-15);

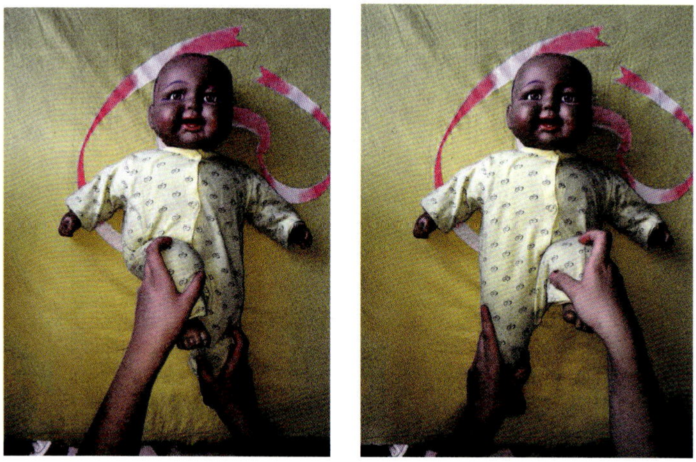

图 2-4-15　下肢伸屈运动

②左腿屈缩到腹部；

③伸直；

④右腿屈缩到腹部，伸直。

重复2个八拍。

(7)举腿运动

①预备姿势：两下肢伸直放平，妈妈两手掌向下，握住婴儿两膝关节(见图2-4-16)；

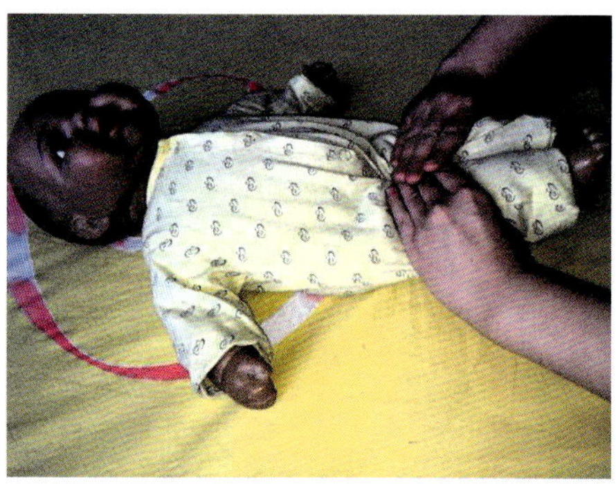

图 2-4-16　举腿运动

②将两下肢伸直上举90°；

③还原。

重复2个八拍。

(8)翻身运动

①预备姿势：婴儿仰卧，妈妈一手扶婴儿胸腹部，一手垫于婴儿背部；

②帮助从仰卧转体为侧卧(见图2-4-17)；

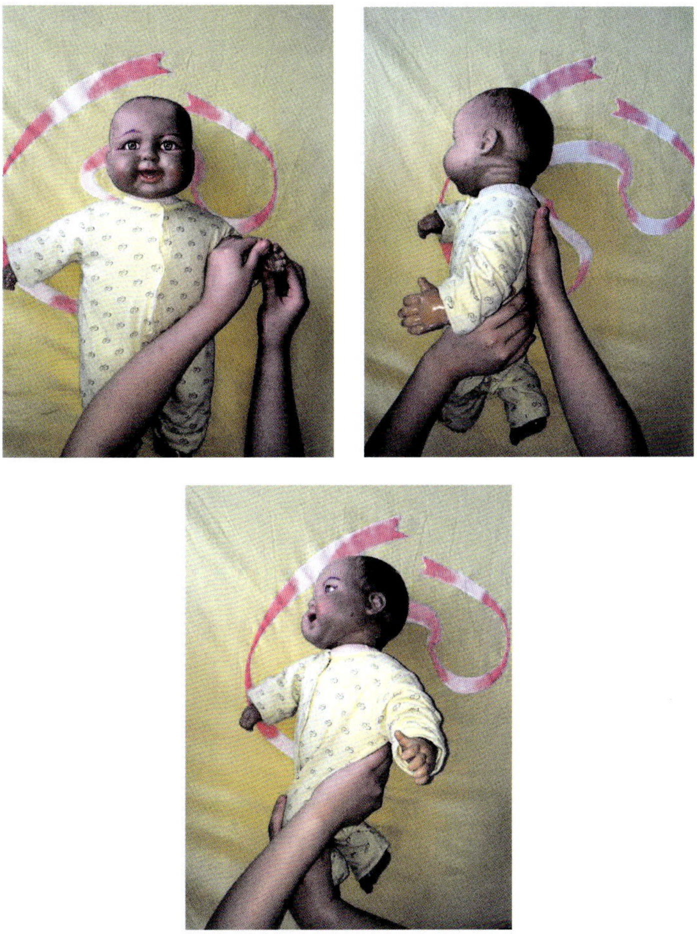

图2-4-17 翻身运动

③从侧卧转体到俯卧；

④从俯卧再转体到仰卧。

重复2个八拍。

(五)新生儿游泳

1．新生儿游泳的作用

(1)新生儿游泳有助于促进婴儿脑神经生长发育,提高对外界环境的反应能力;

(2)有助于提高呼吸系统的功能;

(3)有助于消耗过多脂肪,塑造健美体形;

(4)有助于促进食物消化吸收,锻炼应激反应,提高婴儿抗病能力和耐寒能力;

(5)有助于促进患儿的健康,促进婴儿正常睡眠节律的建立,避免不良睡眠习惯的形成,减少哭闹;

(6)有助于促进亲子情感交流;

(7)新生儿游泳不仅仅是皮肤与水的接触,而是视觉、听觉、触觉、运动与平衡等综合信息的传递,有利于婴儿早期的智力发育和情商的发展(见图2-4-18)。

图2-4-18　新生儿游泳

2. 新生儿游泳过程

(1)准备

①操作者:着装整洁,洗手,修剪指甲,取下手表、戒指等饰品。

②待用物品:游泳池、游泳圈、打气筒、防水护脐贴、大毛巾、室温计、水温计、75%酒精(或0.2%安尔碘)、消毒棉签。

(2)调水温,布置操作环境:关门窗,调室温至22 ~ 26 ℃左右,调水温至28 ~ 38 ℃(3个月以内婴儿水温一般控制在38 ℃左右)。游泳池水深大约60 cm。可以播放柔和、轻快的音乐。

(3)检查游泳圈:检查游泳圈型号、保险按扣、双气道充气是否均匀,置水中检查是否漏气。

(4)准备婴儿:脱衣服、解尿布,必要时贴防水护脐贴。婴儿套好游泳圈时下颌部正好在垫托位置,下巴置于其槽内。

(5)下游泳池:大人抱住婴儿,用一只手托着婴儿头、颈、背部,另一只手固定,使婴儿头稍向后仰,缓慢放婴儿入水。

(6)游泳:游泳时间每次10 ~ 15分钟,游泳过程可同时进行水中抚触(游泳操)。在游泳过程中,操作者要和宝宝进行沟通和交流,可以唱儿歌,鼓励宝宝转圈,及时赞美宝宝等(见图2-4-19、图2-4-20)。

(7)出泳池:一人从泳池中抱起婴儿,另一人用大毛巾抱接婴儿到床上。

(8)解泳圈:一人扶托婴儿,另一人打开泳圈搭扣,轻轻取下泳圈。

(9)穿衣:用大毛巾抹干婴儿身上水迹,取下防水护脐贴。用0.2%安尔碘或75%酒精消毒脐部,垫尿片,穿衣服。

(10)整理:放水,清洗游泳圈。

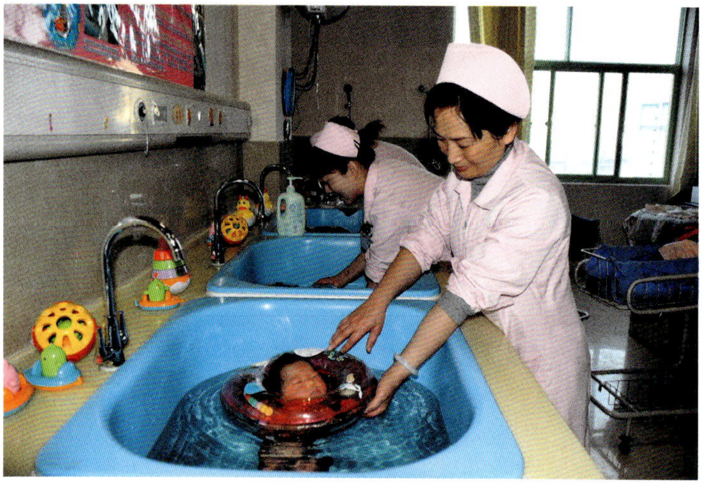

图 2-4-19 和宝宝交流

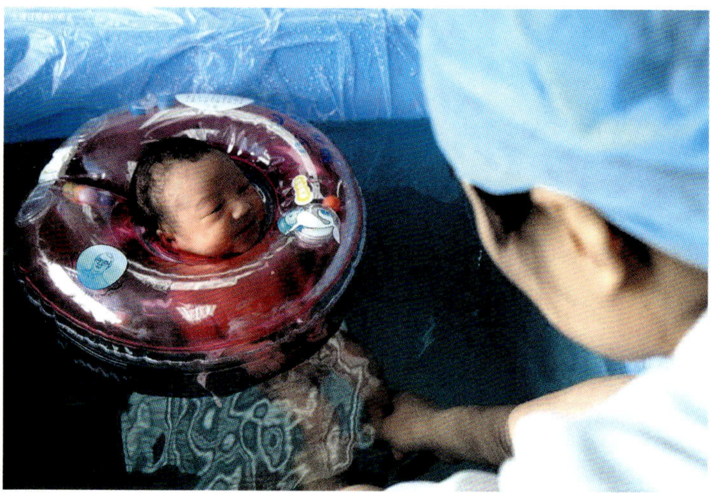

图 2-4-20 水中按摩

3．注意事项

（1）足月正常分娩的婴儿（出生后2天至12个月龄婴儿）均可以游泳。

（2）以下婴儿不宜游泳：婴儿发烧、腹泻不适及有特殊治疗者；皮肤有感染者；有先天性心脏病者、骨折者、髋关节不稳、脱位者等。

（3）婴儿游泳期间必须有专人全程看护，看护者与婴儿的距离必须在监护人的一臂之内。

(4)婴儿游泳圈使用前必须进行安全性检查(如型号是否匹配、保险按扣是否安全、是否漏气等)。

(5)婴儿套好游泳圈后,检查下颌部是否垫托在预设位置(双下颌角紧贴内圈,下巴置于其槽内)。

(6)宝宝入水应缓慢,大人应抓紧宝宝。

(7)婴儿游泳池壁为软壁材质制作,以防较大的婴儿蹬踹池壁时产生的损伤。

(8)泳毕要迅速擦干水迹,注意保暖。

4. 游泳要求

(1)宝宝每增大一个月,水温可酌情降低。

(2)游泳时间:食奶(进食)后1小时游泳,每天1~2次,每次10~15分钟(或酌情)。游泳过程必须观察婴儿情况,游泳时与婴儿进行情感和语言交流。

(3)选择性能安全的婴儿游泳圈和多功能游泳池,严禁使用假冒、不安全的伪劣产品。

(4)选用家庭专用游泳用品,酌情定时换水,游泳池水深大于60 cm,必须以婴儿双足不触及池底为标准。

(5)婴儿游泳与水中抚触必须经专门培训,严格按常规操作。

五、人工喂养指导

母乳是新生儿最佳的饮食,但是,由于母儿的特殊原因不能实施母乳喂养时,应做好人工喂养的准备。比如:奶粉的选择,人工喂养易发生的问题,适时添加水、辅食等等。

(一)配奶前的准备

1. 如何选择奶粉

市场上的奶粉品种繁多,每个家庭选择奶粉时,首先要看是否符合我国制定的婴儿配方奶粉国家标准,其次根据家庭的经济能力、婴儿生长阶段和宝宝的口味进行选择,满足婴儿生长发育的需要。

2. 奶粉的种类

(1)普通配方奶粉:适用于正常的新生儿。

(2)早产儿配方奶粉:适合早产儿和低出生体重儿使用,在奶粉外包装上有明显的文字说明。

(3)特殊配方奶粉:适用于一些特殊生理状况的婴儿,此类奶粉需在医师指导下选用。

(二)奶粉配制方法

1. 喂养人员清洁双手,取出消毒好的奶瓶。

2. 准备配制奶粉的温开水,水温40 ℃左右。

3. 奶瓶中先加温开水。参考奶粉包装上“用量喂哺表”的指示,将适量的温水加入奶瓶。

4. 加入奶粉、摇匀。再依奶粉包装上“用量喂哺表”的指示加入准确分量的奶粉,摇动奶瓶直至奶粉完全溶解(市面上奶粉大多数是30 mL水,加一平勺奶粉)。

5. 喂奶前,需将配好的奶液滴几滴到喂养人员的手腕或手肘内侧,感觉不烫才能给宝宝喂。

(三)人工喂养中的操作指导

1. 奶嘴孔不要过大,否则奶液流出过快,孩子吞咽不及,易发生呛奶。

2. 喂奶过程中奶瓶头部始终充满奶液,不要留有空气,以免孩子吸入过多气体发生溢奶。

3. 喂奶时将婴儿头部及上身抬高,成45°角,不要平躺着吃(见图2-5-1、图2-5-2)。

4. 喂奶过程中,奶温变低应把奶瓶放在热水中,用热水浴加热。

5. 摇匀奶粉时,给奶瓶套上奶嘴。

6. 测试奶液温度时,手臂不要碰到奶嘴。

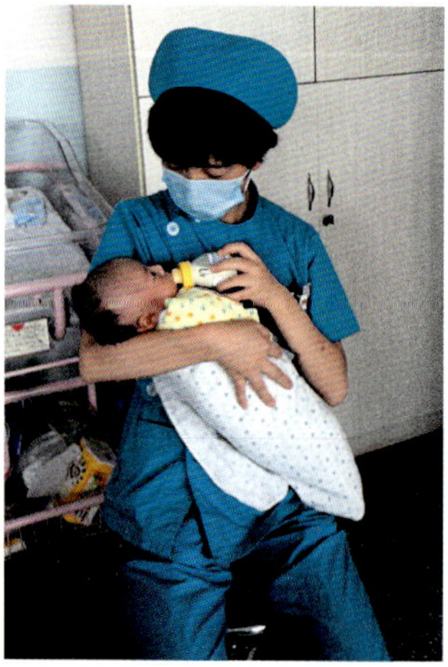

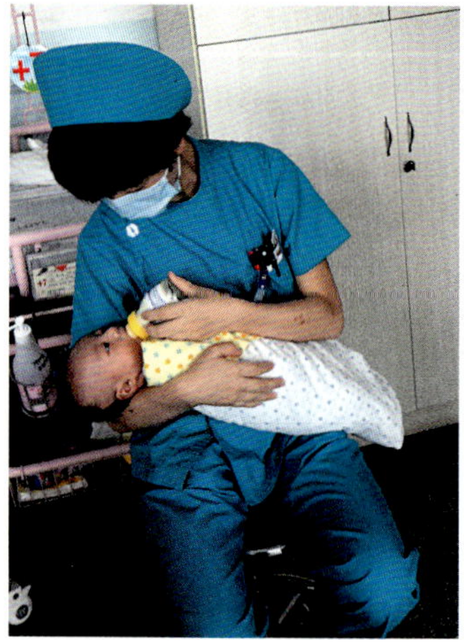

图2-5-1 人工喂奶的正确姿势 图2-5-2 人工喂奶的不正确姿势

(四)喂奶后的操作指导

1. 喂奶后应将婴儿竖抱，轻拍后背，直到宝宝打嗝。

2. 喂奶后将宝宝右侧卧位30分钟，避免宝宝呕吐发生窒息的危险。

3. 喂奶后观察宝宝皮肤有无异常皮疹出现，如果发现皮疹，并伴有宝宝哭闹，但是宝宝精神好，可能是奶粉过敏，应该更换奶粉品种。

4. 开封后的奶粉罐密封保存在阴凉干燥处，3周内用完。

5. 喂奶后，应立即将奶瓶、奶嘴清洗干净，集中进行消毒处理；剩余奶液不能留到下次再喂宝宝。

6. 每天观察宝宝的食欲、大便的形状和睡眠时间，结合体重增加情况，随时调整奶量。

(五)人工喂养的注意事项

1. 选用合适的奶嘴

(1)选择奶嘴的软硬与大小应符合新生儿特点，奶嘴孔的大小以奶瓶倒置时奶液呈滴状连续滴出为宜。

(2)奶嘴洞有圆洞形、十字形或“Y”形。

(3)圆洞形奶嘴,奶液会随奶瓶倒置流出,适合体重较轻或吸吮力较弱的新生儿;十字形或“Y”形奶嘴,奶瓶倒置时奶液不会流出,适合较大的新生儿,需要较强的吸吮力。

2. 调奶时水和奶粉的比例、分量要准确,调好的奶液应立即喂宝宝,不允许将未喝完的奶液留存到下一顿。

3. 调奶用勺:调奶时只能用罐内所配的专用量匙冲调,不能用其他勺子代替。

4. 奶温:一般使用40 ℃左右的温水调奶。过热会使奶粉结块,也会破坏奶粉的营养成分,过冷会引起宝宝肠胃不适。

5. 在冲奶前,大人一定要用清水和肥皂洗手,避免发生感染。

6. 人工喂养的新生儿在两次喂奶中间应喂些糖水,但是不能过甜。补充的水分可以帮助肾脏排出牛奶中过多的钙、磷、钾等,减轻身体的负担。

六、新生儿身体的护理

新生儿离开母体后，每时每刻都在发生着变化。观察不到、护理不周，都会造成不良后果。

（一）眼部的护理

1. 眼部清洁的方法

（1）清洁新生儿眼睛之前，大人要先洗净双手；

（2）用宝宝专用的毛巾或消毒棉球，先蘸取温开水或淡盐水（挤掉多余的水分）；

（3）从内眼角向外眼角轻轻擦拭，更换毛巾或棉球后擦拭另一只眼睛（见图2-6-1）；

（4）如果眼睛上分泌物较多，先湿敷一会儿，再从眼内侧向外轻轻擦拭；

（5）不可用擦过眼睛的毛巾或棉球在眼睛四周重复擦拭。

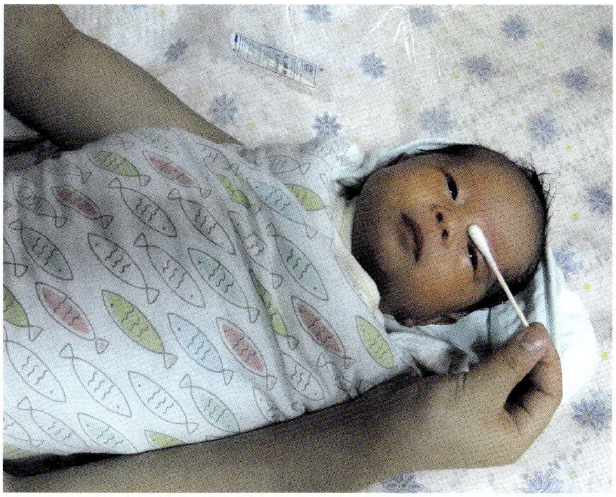

图 2-6-1　眼部护理

2. 宝宝眼部护理注意要点

(1)防感染:宝宝要有自己的专用脸盆和毛巾,并定期消毒。大人不可用手直接揉擦宝宝的眼睛。

(2)防强光:①婴儿睡眠时一般不开灯,如果开灯,灯光不要太强,避免强光刺激婴儿眼睛,影响婴儿睡眠;②婴儿到户外活动要防止太阳直射眼睛;③给婴儿摄影时要避免用闪光灯,闪光灯的强光会损伤宝宝视网膜。

(3)防一侧睡:婴儿睡眠的位置要经常更换,切不可长时间地向一边睡。因为婴儿总是向母亲方向看,日久后会形成斜视。

(4)防"近物":如果把玩具放得特别近,婴儿的眼睛可能因较长时间地向中间旋转,而发展成内斜视。应把玩具挂在围栏周围,经常更换位置和方向。让宝宝多看色彩鲜明的玩具,多看户外风光,有助于提高宝宝的视力。

(5)防异物:①打扫卫生时应及时将宝宝抱开,以免飞尘进入眼内;②外出时遇到刮风,用纱巾罩住宝宝面部,以免沙尘进入眼睛;③

洗澡时也应该注意避免浴液刺激眼睛。

3. 宝宝的眼部出现流泪、白眼球发红、眼部有分泌物、眼皮红肿等异常时及时去医院就诊。

(二)鼻腔的护理

1. 鼻腔无异物时不需要特殊护理,只要保持外部清洁即可。

2. 鼻腔浅部异物的清理:手掌固定头部,用棉签旋转将婴儿鼻腔中的分泌物清除。动作需轻柔,避免损伤鼻腔黏膜(见图 2-6-2)。

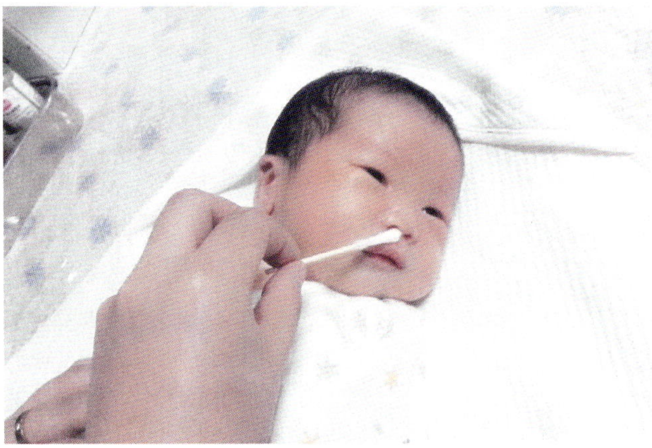

图 2-6-2 鼻腔护理

3. 鼻腔深部异物的清理:鼻腔内的干痂较深较多时,用棉签蘸取少量清水,顺婴儿鼻孔让水流入,待干痂软化后,用棉签轻轻旋转带出痂垢,或待其自行脱落。

(三)脐部的护理

1. 脱落前

(1)保持脐带局部清洁干燥,尿布不可遮盖脐部,以免尿液弄湿脐带,引起脐部感染(见图 2-6-3);

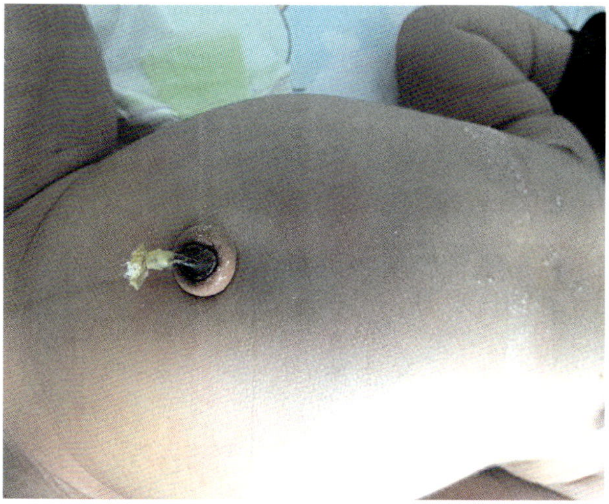

图 2-6-3　脐带脱落前

(2)勤换尿布,避免湿尿布浸湿脐带;

(3)每天用75%的酒精或0.2%安尔碘棉签由内向外清洁消毒脐带根部两次,直到脐带自然脱落为止;

(4)脐带未脱落前,不宜盆浴,洗澡或擦浴时避免弄湿脐带;

(5)处理脐带之前,要洗净双手;

(6)在护理中发现宝宝的脐部有出血,应及时去医院处理。

2. 脱落后

(1)脐带一般5～10天自行脱落(见图2-6-4)。

(2)脐带初掉时,创面发红,稍湿润,几天后完全干燥,愈合。

(3)在脐带残端脱落、肚脐眼内收之前,脐部是个开放的门户,极易被感染,严重的可能引起败血症,造成生命危险。所以,应用75%酒精棉签每日消毒,保持脐窝清洁干燥。

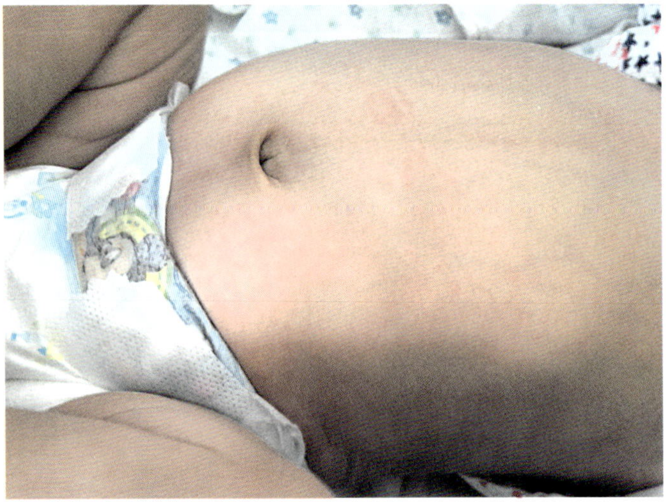

图 2-6-4 脐带脱落后

3. 脐部感染

脐窝有脓性分泌物，肚脐及附近皮肤肿胀、发红或宝宝表现出不舒服的症状如厌食、呕吐、发热或体温不升，应立即去医院诊治（见图 2-6-5）。

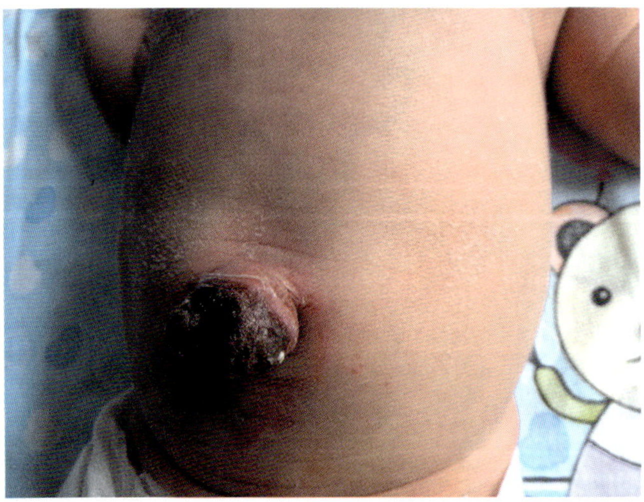

图 2-6-5 脐部感染

(四)臀部的护理

1. 表现

尿布更换不及时,容易引起臀红和尿布疹的发生(见图2-6-6)。

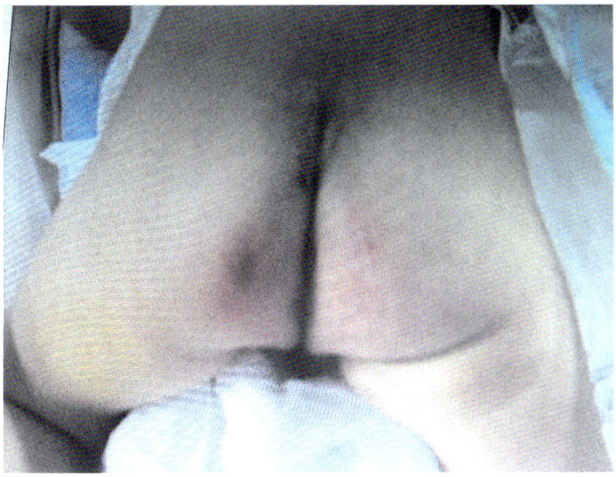

图2-6-6 臀红

2. 臀红的护理

(1)应选择柔软、透气性好的尿布或尿不湿;

(2)要勤换尿布,尤其是尿不湿,每次小便后均应更换;

(3)宝宝每次大便后应清洗臀部,完全擦干后在空气中暴露几分钟,促使宝宝臀红部位的皮肤干燥,加快臀红的愈合,但应避免着凉;

(4)轻度的臀红在清洁后,涂5%鞣酸软膏、鱼肝油或经过消毒的植物油,每天4~5次,6~8天即可治愈;

(5)使用爽身粉或痱子粉,会延长臀红的病程或加重臀红;

(6)若臀红加重,出现糜烂,渗液多且黄绿,有臭味,应立即到医院就诊。

3. 使用尿布要注意的问题

(1)尿布外不应垫塑料布或橡皮布,可以用棉花、棉布做成厚的尿布垫晚上垫在尿布外面，但是更换的间隔时间不宜过长；

（2）炎热的夏季更换尿布，不宜使用刚刚暴晒过的尿布；

（3）寒冷的冬季换尿布，需用热水袋先将尿布烘暖，或者用大人身体捂热后使用，换尿布时大人的手应提前搓热。

七、新生儿五项行为训练

0～3岁是人类大脑发育的最快时期，也是可塑性最大的时期。在这个重要阶段，使用适当的方法给予有效的刺激，可促进孩子智力潜能的发展，并且这种影响可持续终生。正常1个月的婴儿已初步具备感知能力，有视觉、听觉、嗅觉、味觉和触觉，所以，在新生儿期就应该对他们进行早期的相关训练。

1. 大运动功能训练

主要锻炼新生儿头颈部的肌肉。

（1）将新生儿竖着抱起来，使其头侧向一面，脸贴在母亲肩部，一手扶住新生儿背部，一手扶住其下身，让新生儿头逐渐后仰。

（2）俯卧位，左手托住新生儿下巴，右手在孩子背部抚摸，练习抬头的动作。注意不要影响呼吸，正常1个月的宝宝在俯卧时已能稍抬头片刻。

（3）另外，做新生儿抚触及被动操可促进大运动功能的训练（见图2-7-1）。

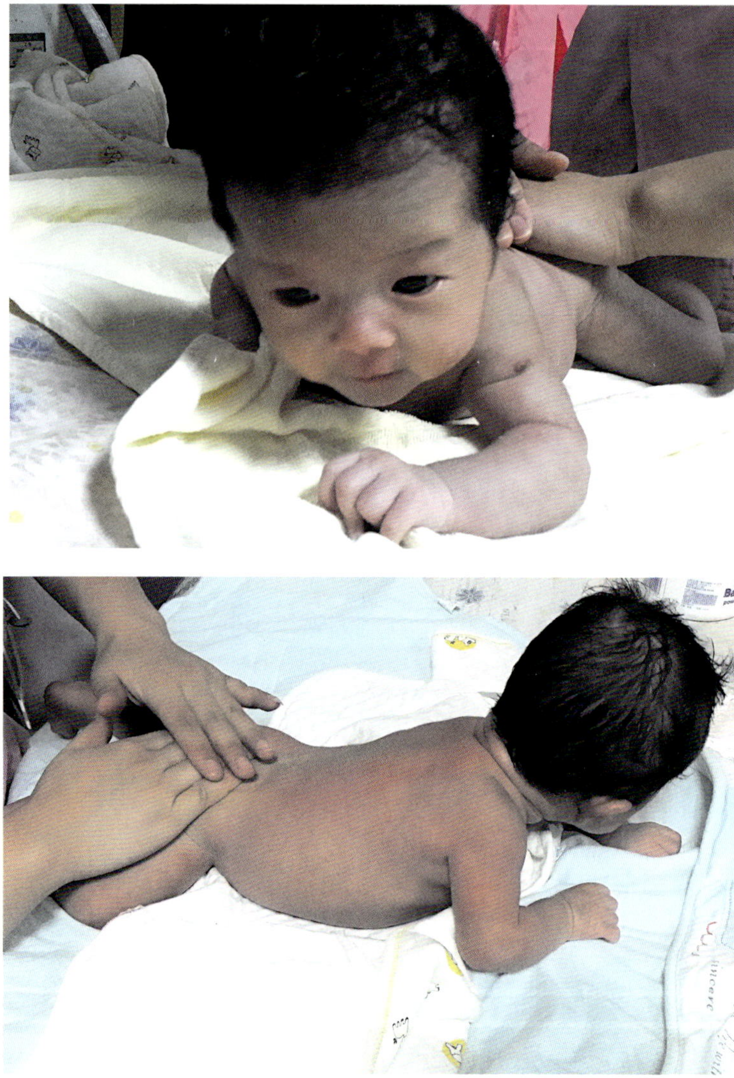

图 2-7-1　大运动功能训练

2．精细动作及触觉训练

(1)精细动作训练主要是手的灵活性的训练，可以让新生儿多握成人的手指、毛绒玩具或铃铛等不同材质的东西刺激宝宝的皮肤，让他们尝试触摸、感知不同质地的物体(见图 2-7-2)。

图 2-7-2 触觉训练

(2)新生宝宝的触觉比较健全,也较灵敏,尤其在口腔、眼、前额、手掌和脚底部位,对父母亲的抚触非常喜欢。当乳头碰到他(她)时,他(她)会立刻转头去寻找。当你轻轻触摸他(她)的小手时,他(她)会紧紧地握住你的手。

(3)父母亲要养成抚摸宝宝的习惯,这是一种良好的感情交流方式,有助于宝宝的身体发育,加强其对环境的反应能力。在与小家伙肌肤接触的过程中,不仅可以增强亲子关系,而且还能够让宝宝更有安全感。

3. 视觉训练

(1)关键期为0~6月;

(2)当新生儿睡醒后,可以和他(她)面对面地谈话或让他(她)看颜色鲜艳的红球(眼上方20 cm左右),当他(她)注视红球时慢慢移动红球,设法吸引新生儿的视线追随移动的红球(见图2-7-3);

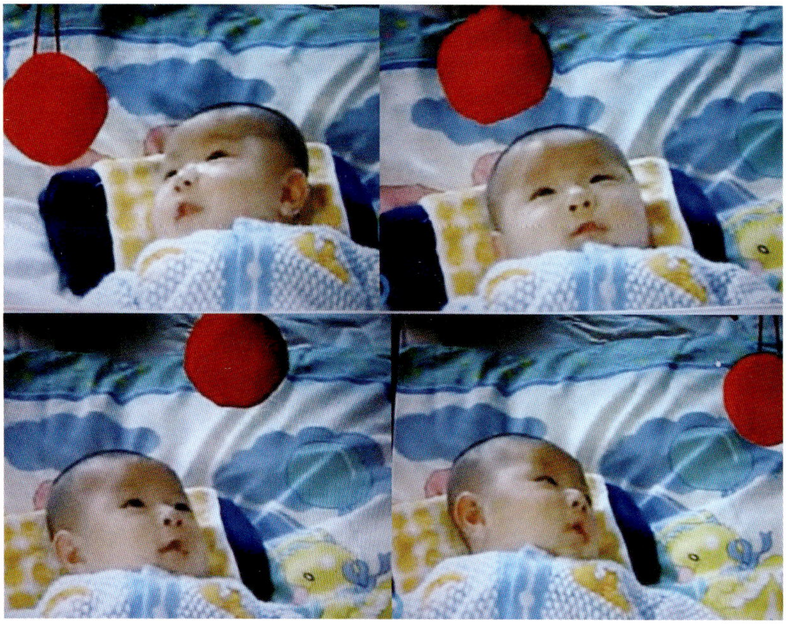

图 2-7-3　视觉训练

(3)3～4月时颜色视觉的基本功能已接近成人。

4. 语言训练

宝宝的语言学习方式多以听、看为主。

(1)在新生儿耳边(约10 cm左右)轻轻呼唤,使他(她)听到声音后转过头来;

(2)平时,无论喂奶、换尿布、洗澡或做其他护理时,都要面带微笑和宝宝说话,可以是安抚性交流沟通的语言,也可以轻声呼喊孩子的名字、念念儿歌、诗词等等;

(3)与宝宝的对话持续一会儿,可看到宝宝的肢体活动增加,出现微笑等愉快反应;

(4)一定要把新生儿当成一个"懂事"的孩子对待,要多和新生儿交流(见图2-7-4);

图 2-7-4 语言训练

(5)一般新生儿白天在吃饱后会有10分钟到半小时的觉醒时间,可以利用这段觉醒时间进行视听训练。

5. 社交能力训练

新生儿的社交能力主要是分辨出物体和人。

(1)新生儿喜欢看正常人的面孔,尤其是微笑的脸,他(她)能盯住看,也会做出微笑的表情;

(2)新生儿对人脸或脸谱的图形有着与生俱来的敏感和喜爱,可多给宝宝看脸谱型挂饰或与其面对面(距离约20 cm左右)地交流,使其认识自身以外的人,并模仿大人的表情。

八、新生儿常见疾病的预防和护理

宝宝出生后的第一个月，各个系统器官尚未完全发育成熟。如果护理不周，会导致各种各样的感染。了解新生儿的常见疾病，掌握疾病预防的方法和护理措施，才能让宝宝得到全面的保护。

（一）湿疹

1．新生儿湿疹，也叫胎毒、奶癣，是婴儿时期常见的一种皮肤病，属于过敏性疾病。

2．新生儿湿疹的发生常因为先天的过敏体质、外界对婴儿皮肤的刺激和婴儿消化不良引起。

3．表现

（1）脂溢型：可以看到在婴儿前额、颊部、眉间的皮肤潮红，覆有黄色油腻的痂，头顶是厚厚的黄色浆液性痂。颌下、后颈、腋下及腹股沟可有擦烂、潮红及渗出（见图2-8-1）。

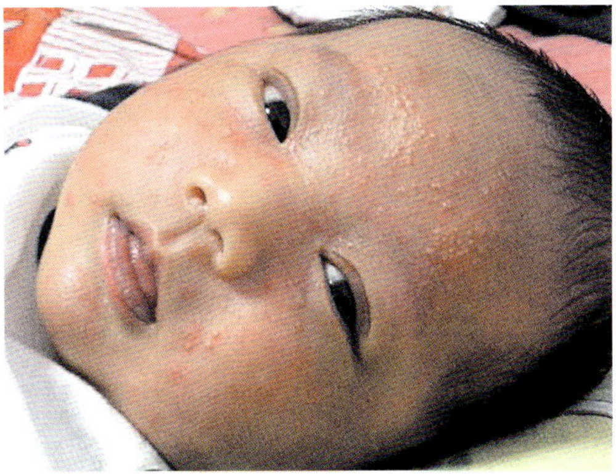

图 2-8-1　脂溢性湿

（2）渗出型：多见于3～6个月肥胖的婴儿，两颊可见对称性米粒大小红色丘疹，伴有小水疱及红斑连成片状，有破溃、渗出、结痂，特别痒以致搔抓出带血迹的抓痕及鲜红色湿烂面。如果治疗不及时，可泛发到全身，还可继发感染（见图2-8-2）。

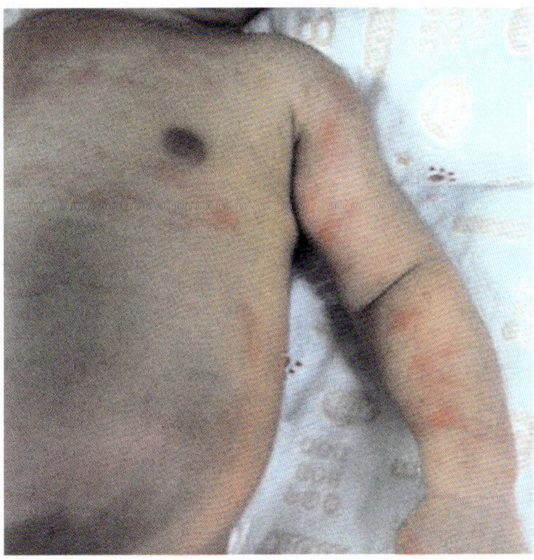

图 2-8-2　湿疹

（3）干燥型：多见于6个月至1岁的小儿，表现为面部、四肢、躯干外侧斑片状密集小丘疹、红肿，硬性糠皮样脱屑及鳞屑结痂，无渗出。

以上三种类型可以同时存在。湿疹发生时小儿常烦躁不安，夜间哭闹，影响睡眠。

4. 护理

湿疹发生时，应带宝宝尽早就医，在医生指导下用药。在家庭护理中，应注意以下问题：

（1）沐浴：选择温和不含碱性成分的浴液，最好温水洗浴；洗完擦干身体后选择非油性的润肤膏；头部结痂先用植物油软化后再清洗。

（2）环境：室温不宜过高，室内要通风，避免扬尘，避开过敏源（如宠物、毛发、花粉等）。

（3）饮食：不要让孩子过饥或过饱，防止便秘或消化不良。

（4）母乳喂养：可以减轻湿疹的程度，但是哺乳期妇女不宜吃辣椒、生蒜、酒等刺激性食物。

（5）衣物：宝宝的衣物及被褥均选择棉质的，应清洁、柔软、舒适，勤洗勤换，不选用丝、毛及化纤制品。

（二）新生儿臀红

1. 表现

臀红是婴儿臀部皮肤长期受尿液、粪便以及漂洗不净的湿尿布刺激、摩擦或局部湿热（用塑料膜、橡皮布等）作用，引起的皮肤潮红、溃破，甚至糜烂及表皮剥脱，故又称尿布皮炎。

2. 护理

（1）已经发生臀红时不要用热水和肥皂清洗臀部，使用温水清洗；

（2）应于换尿布后在患处涂上鞣酸软膏；

（3）有糜烂时可让患儿俯卧（新生儿应有大人帮助），用普通的40 W灯泡照射，距离30～50 cm，每次30分钟左右，加速局部干燥（见图2-8-3）。

图2-8-3　臀红的护理

3．预防

(1)尿布的选择:选用细软、吸水性强的纯棉布,最好用白色或浅色的棉质衣物、旧床单等制作尿布。

(2)尿布的清洁:尿布用婴儿专用皂和清水洗净,开水烫洗,在太阳下暴晒后使用。要勤换洗,每次尿湿后应立即更换。

(3)臀部护理:①臀部要保持透气,不要用塑料布包在尿布外面,避免湿热对皮肤的刺激;②每次大便后,用温水冲洗臀部及外阴部,并轻轻擦干,涂爽身粉;③对腹泻的小儿更要注意保持臀部的清洁干燥。

(三)鹅口疮

1．表现

(1)鹅口疮为白色念珠菌引起的口腔炎症。

(2)常因产道感染或乳头不洁、乳具污染引起。

(3)表现为口腔黏膜覆盖白色凝乳块样片状物,强行剥离后局部有渗血。一般无全身症状,患处不痛(见图2-8-4)。

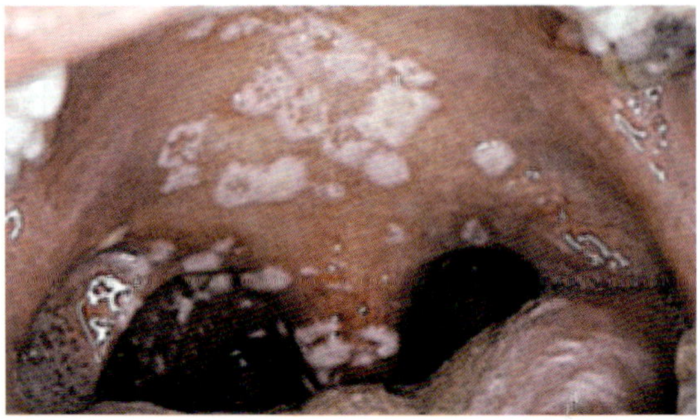

图 2-8-4　鹅口疮

2. 护理

(1)用 2% ~ 3%碳酸氢钠(小苏打)溶液清洗口腔;

(2)用制霉菌素鱼肝油涂在口腔患处,每日 2 ~ 4 次,饭后 1 小时进行。

(四)脐炎

1. 表现

(1)脐炎常因为在断脐时或断脐后消毒不严或护理不当,细菌感染所致;

(2)脐炎表现为脐带根部发红或脱落后伤口不愈合,甚至脐周皮肤红肿,脐窝有脓性分泌物,有臭味(见图 2-8-5)。

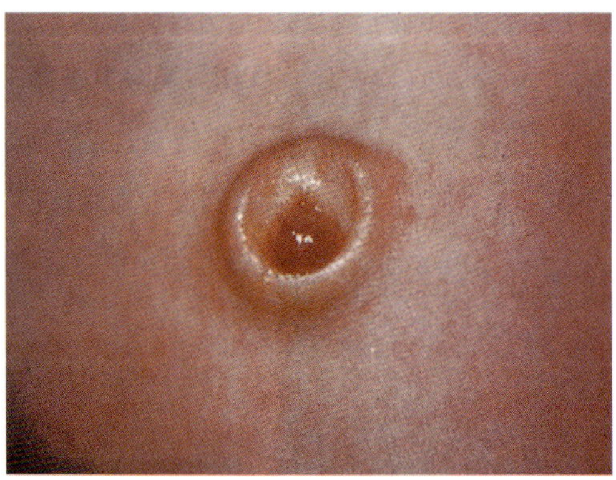

图 2-8-5　新生儿脐炎

2. 护理

(1)预防:脐炎的预防应以脐带的正确护理为主,一旦发生脐炎应立即就诊;

(2)观察:每天观察脐带残端有无渗血渗液等情况;

(3)干燥:脐带脱落前后始终保持干燥,避免沾水,避免摩擦(不要将尿布或纸尿裤覆盖在脐带上);

(4)消毒:每天用75%酒精或2%安尔碘溶液,围绕脐带根部进行擦拭消毒,将分泌物及血迹全部擦掉(见图2-8-6);

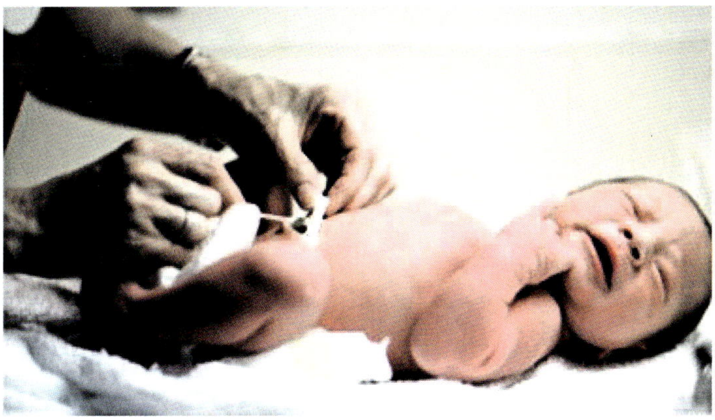

图2-8-6 脐部的护理

(5)脐部绝对不能用面霜、乳液等涂抹。

(五)消化不良

1. 表现

(1)宝宝食欲欠佳,吐奶,阵发性哭闹,腹部胀气,排气增多,肠鸣音亢进(即肚子的咕噜声明显);

(2)宝宝大便中伴有食物残渣,排便次数增多且大便稀,或大便有恶臭味;

(3)早晨起床后闻到宝宝有口臭、口酸的气味。

2. 护理

(1)如宝宝吐、泻明显,暂时停止进食一餐或两餐,禁食期间不禁水(补充体液);

(2)症状严重应尽早就医,在医生指导下服用助消化药物;

(3)母乳喂养的宝宝需减少喂奶次数及每次喂奶时间,已经添加辅食的应停止;

(4)人工喂养的宝宝,可先吃米汤或稀释牛奶(也可是酸牛奶),减少喂奶次数和量;

(5)有腹泻的宝宝应注意护理臀部,每次大便后用温水冲洗,避免发生臀红。

3. 预防

(1)养成良好的饮食习惯,定时定量喂养;

(2)不吃零食,不偏食挑食,营养要均衡;

(3)辅食应色、香、味俱全,引起宝宝食欲;

(4)养成定时排便的习惯,饭前便后要洗手。

(六)上呼吸道感染

1. 表现

(1)急性上呼吸道感染,简称上感,俗称感冒。

(2)新生儿表现不典型,有的出现发热,有的仅表现为不吃奶、烦躁或精神差。严重会出现呼吸急促,口周发青。

2. 护理

(1)出现上呼吸道感染应去医院就诊;

(2)患儿在家中多休息、多饮水;

(3)体温<38.5 ℃,可以使用物理降温,如冷敷或温水沐浴;

(4)体温>38.5 ℃,伴有咳嗽、呕吐、腹泻等其他症状的,在物理降温的同时去医院就诊,遵医嘱用药;

(5)婴儿房间应隔离,进出房间的人不宜过杂;

(6)不带婴儿去公共场所。

(七)脓疱疮

1. 表现

(1)脓疱疮俗称黄水疮,是一种最常见的化脓球菌传染性皮肤病,属于接触性传染,好发于4～10天的新生儿。

(2)起病急,传染性强,可造成流行疾病。

(3)表现为面部、躯干和四肢(特别是皮肤皱褶处)突然发生脓疱,干燥后结成脓痂。

(4)脓疱疮大小不等,周围无红晕围绕,壁薄,疱液初呈清澈淡黄色,1～2天后,部分疱液变混浊。脓疱破溃后流出黄水,脓液流溢之处又常引起新的脓疱。之后露出鲜红色湿润的糜烂面,上附薄的黄痂,可有渗血,痂皮逐渐脱落、愈合,愈合后不留疤痕。

(5)脓疱疮开始无全身症状,以后可出现发热和腹泻,易并发败血症、肺炎或脑膜炎等。

(6)新生儿脓疱疮好发于颈部、耳后,尤以腋下最为多见,这是与新生儿娩出后就被立即包裹于襁褓内,保温过度,上臂内侧与胸侧紧贴,局部出汗、潮湿,加之汗液等分泌物刺激,如若合并细菌感染就会发生皮肤脓疱疮(见图2-8-7)。

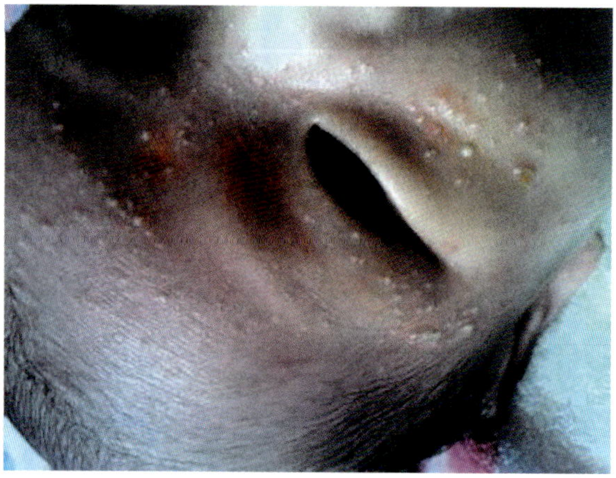

图 2-8-7 脓疱疮

2. 护理

(1)处理:如果早期脓疱少,症状较轻,可用消毒针头将脓疱挑破,吸出脓液后,局部涂上碘酒,周围皮肤可用75%的酒精擦洗;如果全身脓疱较多时,应及早去医院治疗。新生儿脓疱疮只要及时治疗就可以痊愈,家长不必担心。

(2)衣物:应给新生儿穿着宽松的棉布衣物,不要裸身直接包裹在襁褓里,避免皮肤与皮肤紧贴,造成局部潮湿。

(3)新生儿包裹不宜过紧、过厚。

(4)清洁:新生儿应勤洗澡、勤换内衣,每次洗澡后要注意擦干颈部、耳后和腋下等皮肤皱褶部位的水分。

(5)日常护理:多注意宝宝的个人卫生,保证孩子衣服、被褥等干燥,经常暴晒衣服和被子,对于孩子的用具每天消毒;减少孩子与病菌接触的机会,就能很好地预防新生儿脓疱疮。

新生儿意外伤害的防范

胎宝宝在母亲温暖的子宫内能够获得足够的营养和保护而健康成长。出生后的宝宝将开始独立生活，要适应宫内到宫外的各种条件变化，面临不同问题的挑战。为了让宝宝平稳地度过人生的第一步，需要我们大家用爱心呵护他们。尤其是在新生儿的喂养和生活护理中，方法不当或稍有疏忽，就可能会出现意想不到的麻烦，对新生儿造成伤害。

一、新生儿烫伤的防范

烫伤是新生儿意外伤害中非常常见的，不仅会给孩子的身体带来疼痛，对幼小的心灵也会造成伤害，并将终身的内疚和自责留给了家人。新生儿的烫伤常因为洗澡、喂奶和保暖时措施不当造成。所以，对待新生儿的每次护理都应该准备充分、科学有序，操作时应精力集中、密切配合。烫伤是完全可以规避的。

（一）烫伤分度

1. Ⅰ度烫伤：烫伤只损伤皮肤表层，局部轻度红肿，无水泡，疼痛明显（见图3-1-1）。

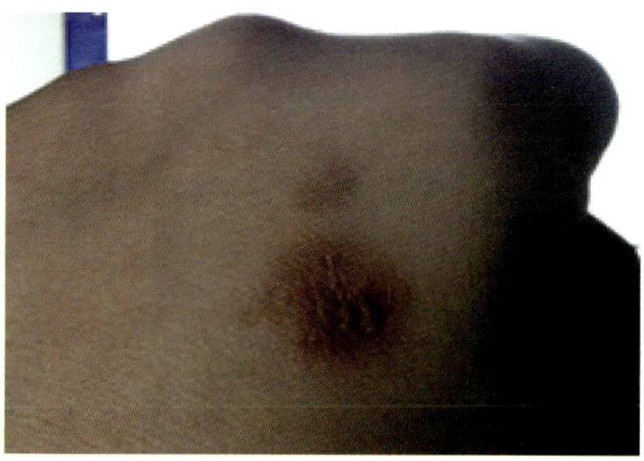

图3-1-1　Ⅰ度烫伤

2. Ⅱ度烫伤:烫伤是真皮损伤,局部红肿疼痛,有大小不等的水泡(见图 3-1-2)。

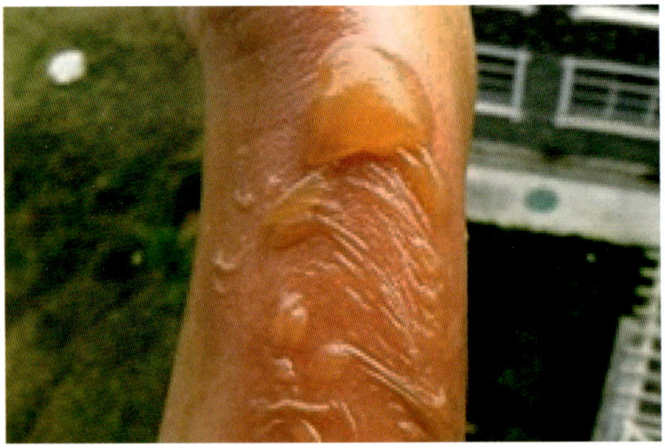

图 3-1-2　Ⅱ度烫伤

3. Ⅲ度烫伤:烫伤损伤到皮下、脂肪、肌肉,呈灰色或红褐色,皮肤剥落(见图 3-1-3)。

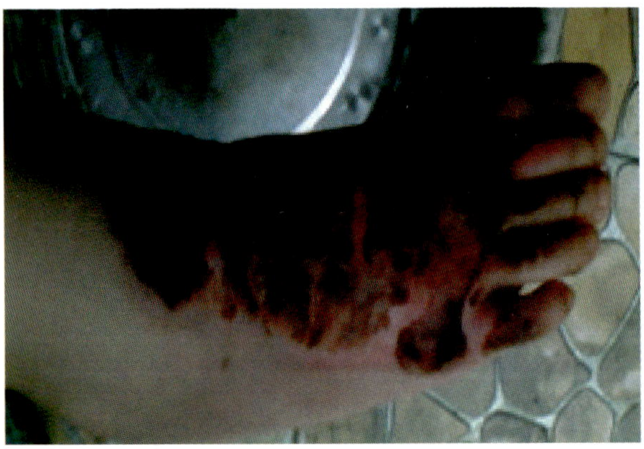

图 3-1-3　Ⅲ度烫伤

(二)护理

1. 新生儿洗澡的护理

案例一:一位爸爸将小宝宝放在浴盆内为其洗澡,没想到淋浴喷头的水温突然升高,将宝宝的皮肤烫伤,爸爸惊恐万分,后悔不已(见图 3-1-4)!

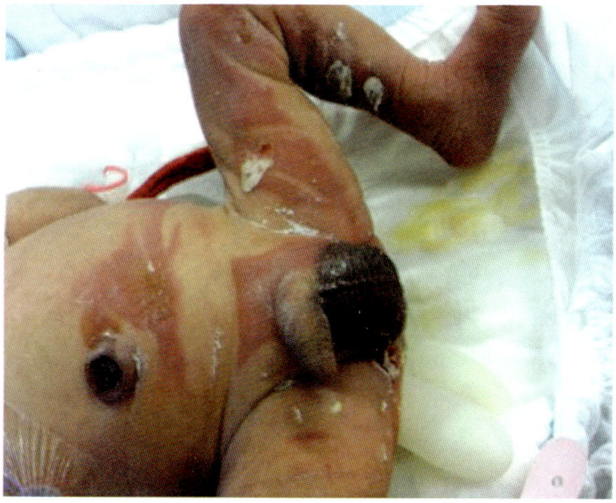

图 3-1-4　新生儿烫伤

（1）水温：洗澡的水温为 38 ~ 42 ℃，可以用水温计测量或用自己的手腕、手肘内侧感觉不凉不烫即可（见图 3-1-5）。给新生儿洗澡时可以选择流动水，也可以选择盆装水。

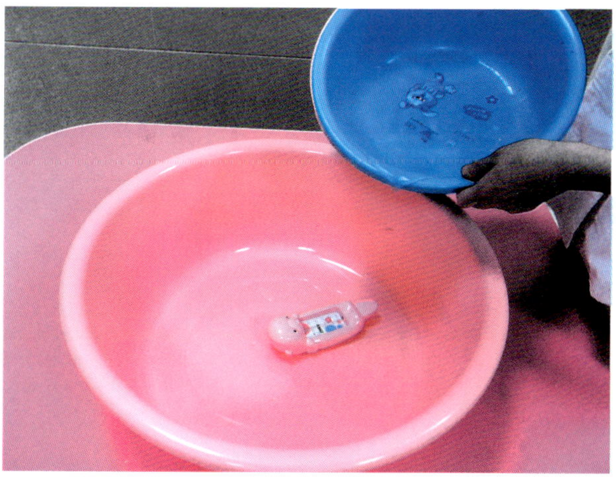

图 3-1-5　检测水温

（2）淋浴：使用淋浴洗澡时，一定要控制好水温。在洗澡过程中，大人的手能时时感觉到水温。一旦水温有变化，应迅速将宝宝移开。

（3）盆浴：①使用澡盆洗澡时，先调好水温，再将宝宝放入水中洗澡；②中途发现水温变凉，需要加热水时，须将宝宝抱出来包裹好，再加热水，待水温调好再将宝宝放入水中洗澡；③不能将宝宝在水中移开，从旁边加热水；④也不要抱着宝宝去拿暖水壶，以免烫伤（见图3-1-6）。

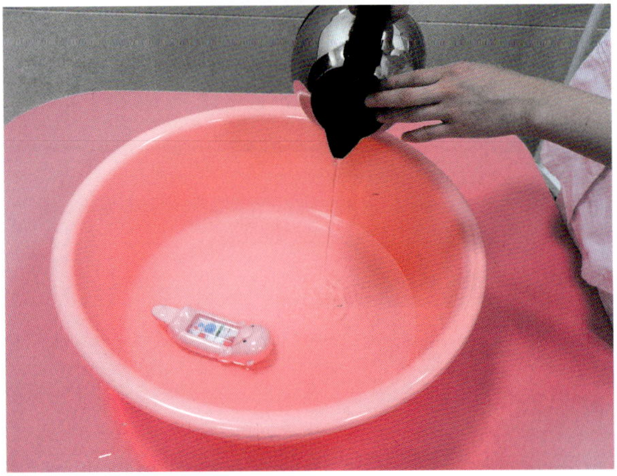

图3-1-6 放洗澡水，加热水

（4）注意事项：孩子应该远离热水盆、热水壶和热水杯！

2. 新生儿保暖的护理

新生儿的体温一般在36.3～37.3 ℃之间。因为新生儿皮下脂肪少，体温调节中枢尚不完全成熟，排汗散热能力弱，肌体不能保持体温恒定，容易随外界温度的变化而发生波动。过分保暖，体温可上升到40 ℃，甚至引起抽风。保暖不好，体温会下降，全身冰凉，甚至皮肤发紫。所以，家长应注意观察，及时采取适当的保暖措施，使宝宝感到舒适，有利于宝宝的生长发育。

（1）新生儿体温偏低需要保暖时，最好将衣被捂热后给宝宝保暖。如果必须使用热水袋取暖，一定要掌握正确的使用方法，否则就可能发生烫伤。

（2）使用热水袋时，首先检查热水袋有无漏水，无漏水方可灌入50 ℃的温水，最多灌入2/3的水，不能过满。然后将热水袋放在胸前轻轻挤压出袋内的空气，拧紧塞子。再用毛巾将热水袋包起，放置热水袋时将热水袋的开口向下放置，这样既可避免蓄积的热度烫伤宝宝，也可避免塞子松动水流出使宝宝身下全是水。

（3）切记，使用热水袋时要经常检查热水袋。

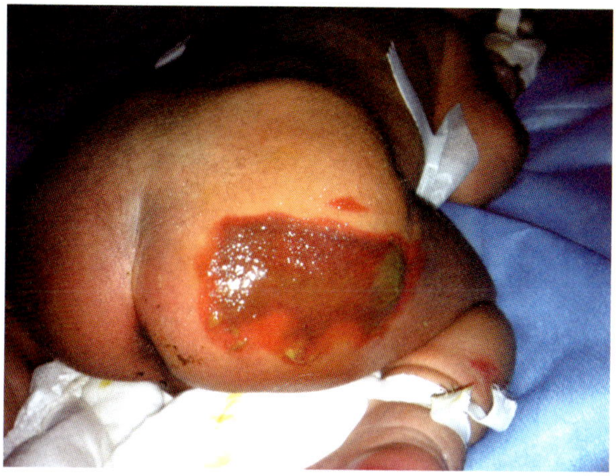

图 3-1-7 热水袋烫伤

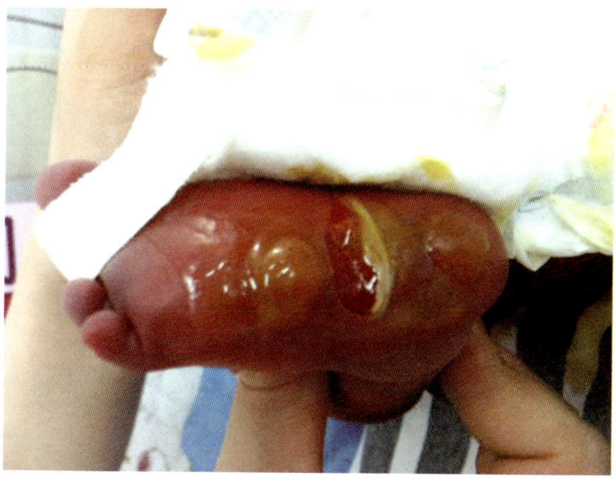

图 3-1-8 热水袋烫伤

3．新生儿喂奶的护理

详见“人工喂养指导”。

（三）处理

1．不管宝宝发生以上哪一种烫伤，如果仅仅为皮肤发红，应立即用凉水冲洗烫伤处。如果烫伤部位在胸、背部或腹部，不宜用凉水冲，那样容易使宝宝着凉或者不舒服，最好用凉毛巾稍微冷敷一下，涂一些美宝湿润烧伤膏观察。

2．如果宝宝烫伤比较严重，出现水泡，宝宝哭闹不止，除用凉水冲洗降低皮温外，应立即到医院进行处理。不要急于脱去衣裤！不要弄破水泡！

（四）烫伤急救三步骤

1．尽快用冷水冲洗 10～20 分钟，直到无疼痛感觉（见图 3-1-9）；

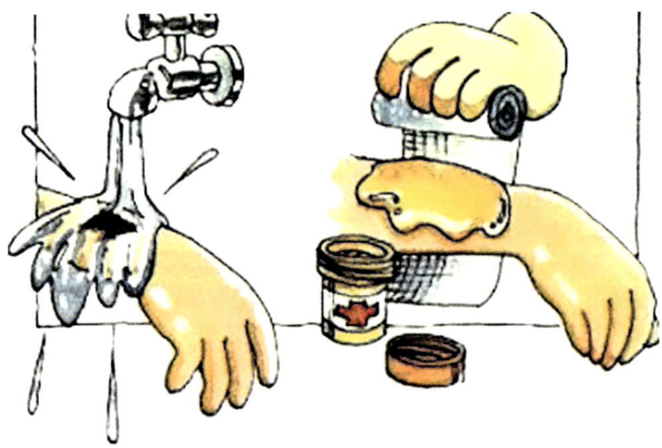

图 3-1-9　凉水冲洗

2．用纱布遮盖，不要把水泡挤破（见图 3-1-10）；

图 3-1-10　烫伤包扎

3. 严重者尽快就医,不要涂任何油脂或药膏。

二、新生儿呛奶的防范

我们的胃有上、下两个口，上面的入口叫贲门，与食道相接，开口在口腔，贲门口发育比较差；下面的出口叫幽门，与十二指肠相连，发育比较好。新生儿的胃入口松出口紧，因此吃奶后乳汁容易发生反流引起吐奶。婴儿吐奶时，若咽喉部的会厌活塞盖运动失灵，没有把气管口盖严，奶汁误入了气管就会造成呛奶。由于婴儿神经系统发育欠完善，一些反射还很薄弱，不能把呛入呼吸道的奶汁咳出，导致气道机械性阻塞而发生严重呼吸困难缺氧，即称为呛奶窒息。

（一）表现

呛奶窒息的婴儿鼻腔、口腔有奶液流出，哭不出声，呼吸不通畅、憋气、面色青紫、全身抽动等。婴儿的大脑细胞耐受缺氧的能力非常差，如抢救不及时极易造成婴儿猝死。

(二)护理

1. 掌握喂奶时机

不在婴儿哭泣或欢笑时喂奶;不要等宝宝饿极了才喂奶;奶液速度不宜过快;孩子吃饱了不应勉强再喂。

2. 掌握喂奶姿势

母乳喂养时,宝宝应斜躺在妈妈怀里(上半身成30°~45°),尽量避免躺在床上喂奶。尤其是夜间,如果疲惫的母亲不小心睡着了,乳房堵住了新生儿的呼吸道,就可能发生新生儿窒息。人工喂养宝宝吃奶时更不能平躺,应取斜坡位,奶瓶底高于奶嘴,奶嘴内充满奶液,防止吸入过多空气。

3. 控制奶液速度

妈妈泌乳过快奶水量过大时,用手指轻压乳晕,减缓奶水的流出。人工喂奶的奶嘴孔不可过大,倒过来时奶水应成滴而不是成线流出。

4. 观察孩子表现

边喂奶边观察宝宝面色。若宝宝的嘴角溢出奶水或口鼻周围变色发青,应立即停止喂奶。对发生过呛咳的婴儿和早产儿,更应严密观察。

5. 排出胃内空气

喂完奶后,将婴儿直立抱在肩头,轻拍婴儿的背部帮助其排出胃内气体,最好听到打嗝,然后抱着孩子走一走,再把孩子放到床上。床头宜高15°,右侧卧30分钟,再平卧(见图3-2-1)。

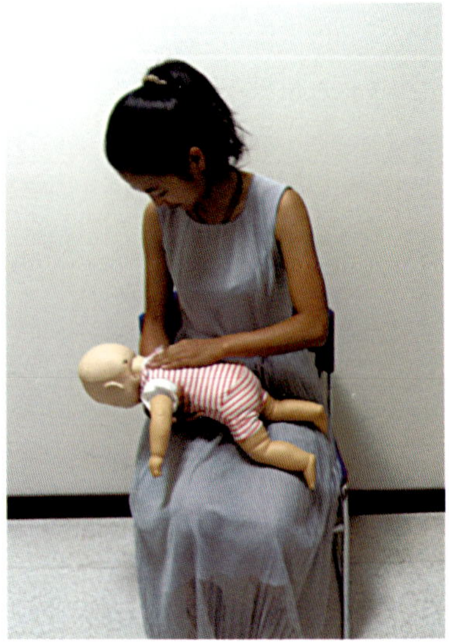
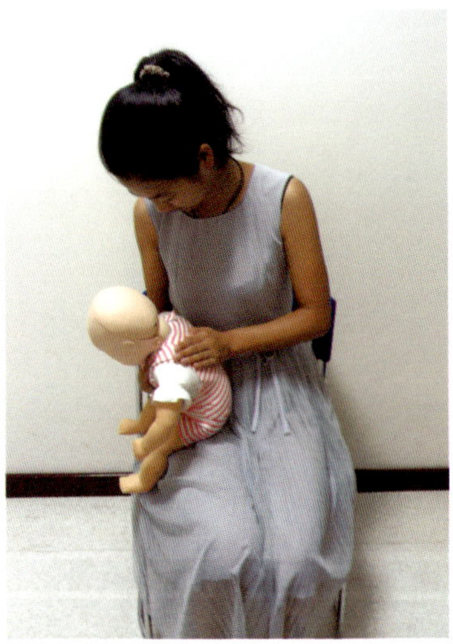

图 3-2-1　排出胃内空气

(三)处理

呛奶发生后不能等待,必须立即进行紧急处理。

1. 让新生儿面朝下俯卧于产妇或护理者腿上,产妇或护理者取坐位。然后一手抱新生儿,另一手空心掌叩击新生儿背部,促使呛入的奶汁流出或咳出。

2. 待新生儿哭出声，憋气情况好转，面色转红，可再观察。

3. 如果呛奶情况紧急，以上处理无效，则应该一边处理，一边紧急安排车辆或呼叫“120”送医院。即使送医院，也一定同时继续上述紧急处理操作。绝不能坐等，贻误了时机。

三、新生儿窒息防范与急救

掌握正确的新生儿家庭急救方法，保障孩子生命安全。

（一）新生儿窒息的表现

1. 皮肤颜色青紫、苍白；

2. 活动力：全身抽动、虚弱或瘫软；

3. 反应：吐出奶液或泡沫，呼吸不规则，刺激后哭声低弱或无哭声。

（二）新生儿窒息的护理

1. 体位引流

宝宝是刚吃饱呕吐发生窒息，应将宝宝脸侧向一边或使其侧卧，避免吐奶流入咽喉及气管；如果宝宝吃奶之初咽奶过急发生呛奶窒息（胃内空虚），应将其俯卧在抢救者腿上，上身前倾，头低脚高倒空引流奶液。

2. 清除口咽异物（见图 3-3-1）

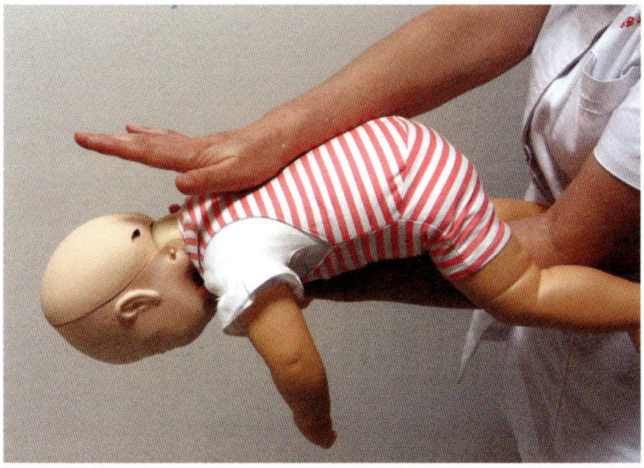

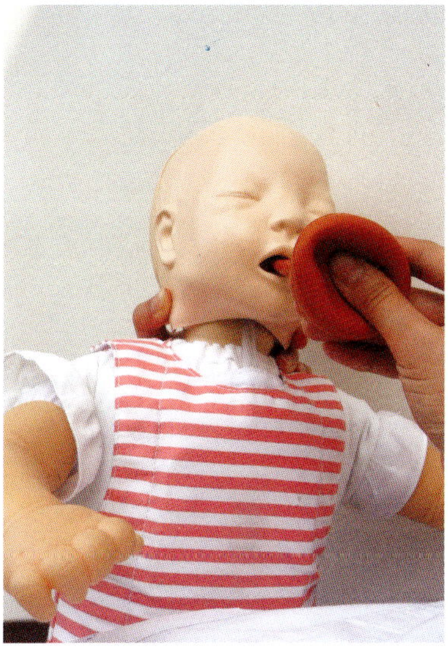

图 3-3-1　清除口腔异物

(1)家里有洗耳球,马上使用,先吸口腔后吸鼻腔。开始吸之前先捏扁洗耳球,放入口、鼻腔后再放开吸出奶液。

(2)妈妈有自动吸乳器,也可以启动,用其软管,插入宝宝口腔咽部,将溢出的奶汁、呕吐物吸出。

(3)没有抽吸装置,妈妈可用手指缠纱布或毛巾伸入宝宝口腔,直至咽部,将溢出的奶汁吸出,避免婴儿吸气时再次将吐出的奶汁吸入气管。

(4)刺激哭叫咳嗽(见图3-3-2、图3-3-3):拍打孩子背部或弹脚底,让其感到疼痛而大哭或咳嗽,有利于将气管内奶汁咳出,缓解窒息。

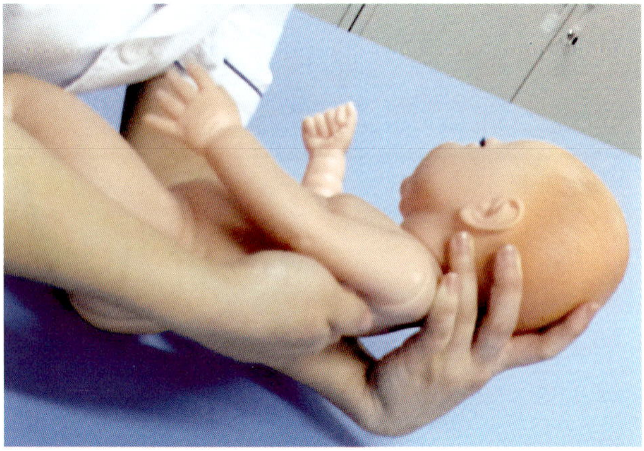

图3-3-2 按摩背部刺激哭叫

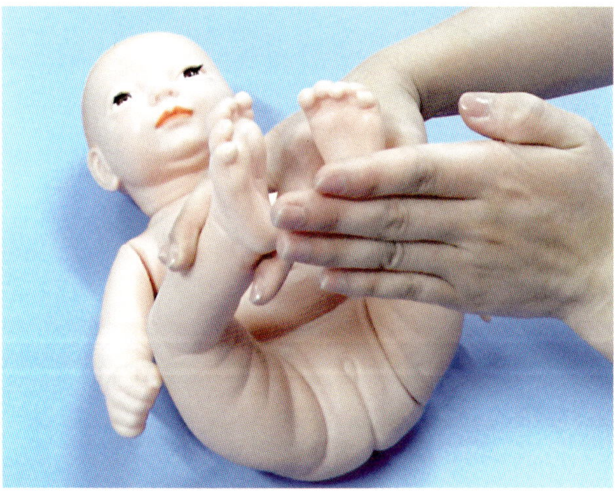

图3-3-3 按摩脚心刺激哭叫

(5)在上述家庭抢救的同时,拨打"120"呼救,或准备送医院抢救。

附：

1．口对口人工呼吸(图3-3-4)

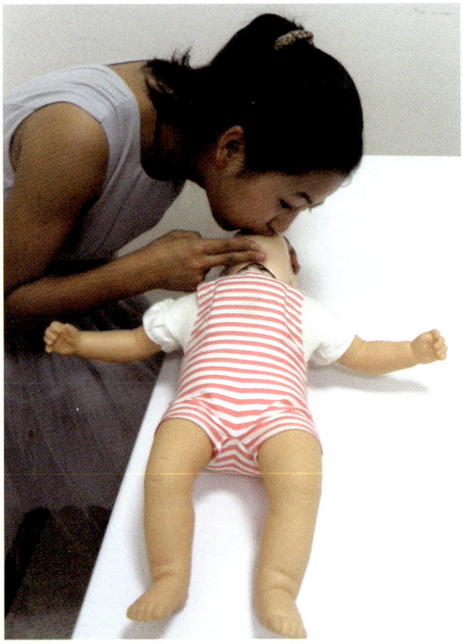

图3-3-4　口对口呼吸

(1)吹气：提起下巴，捏住鼻子，深吸一口气，将嘴贴紧婴儿的嘴，吹气入口，同时观察婴儿胸部是否高起。

(2)呼气：吹完气后嘴即离开，让婴儿把肺内的气呼出，看到婴儿高起的胸部下落，表示肺内的气体已排出时，接着吹下一口气，吹气次数每分钟不少于30次。

(3)注意：吹气用力不可过大，以免婴儿肺泡破裂；也不可过小，以免进气不足，达不到救治目的。反复不止地操作，直到婴儿恢复自动呼吸或医生到达。

2．胸外心脏按压

(1)胸外心脏按压的位置(见图3-3-5)：胸骨下1/3段，避开剑突；

按压的深度应为前后胸直径1/3左右。按压和呼吸的比例为3:1，每30秒评估一次。

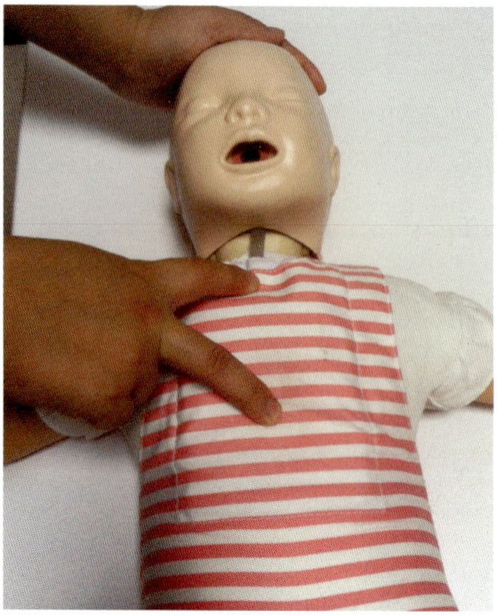

图3-3-5　心外按压定位

（2）胸外心脏按压的方法（见图3-3-6）：①拇指法，双手拇指按压，其余手指环绕胸廓及支持背部；②双指法，食指、中指按压，另一手支撑婴儿背部。

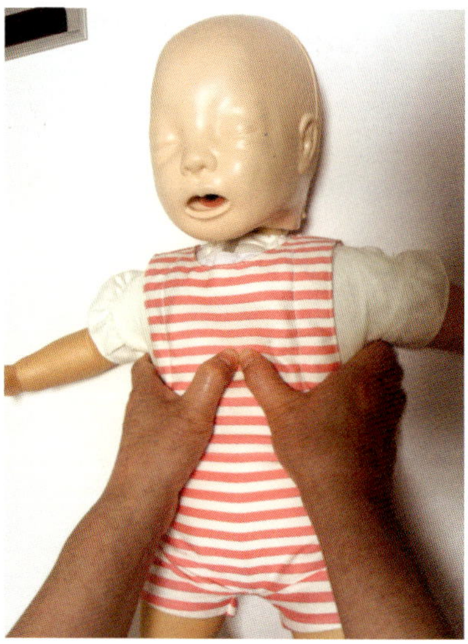

图3-3-6　心外按压

3．判断复苏成功的标准

(1)有呼吸或哭声；

(2)四肢出现活动；

(3)肤色转红；

(4)复苏成功后注意保暖，送医院进一步观察。

4．最有效呼叫“120”

(1)正确表述地址：属于区、街道、小区、楼号及门牌号。此外，报告地址时，最好将周边明显的建筑物，如加油站、地铁、商场等信息告知接线员。

(2)简要描述病情：告知新生儿最典型的病情表现。

(3)挂机：务必等“120”询问完相关信息，挂完电话后再挂机。最重要的是，要将自己的联系方式准确无误地告知接线员。除了家里的座机之外，手机号也应告知。

(4)等待急救车到来期间，可以做以下事情：①确保联系畅通，若只有座机，应守在电话旁，并避免占线，随时听从医护人员的问路咨询或医疗指导。如果当时人手较多，可派一人到与急救人员约好的地点等待，接应救护车并为急救人员指路。②随时关注情况，通过观察新生儿面色，肌张力，胸、腹部起伏状况等方法判断是否还在呼吸，一旦出现呼吸骤停现象，马上对其进行心肺复苏。

5．新生儿需要就医的常见问题

(1)体温超过38 ℃，或低于36 ℃；

(2)不哭不吃，排便异常，或频繁溢奶、呕吐；

(3)黄疸异常；

(4)呼吸急促，面色发灰并咳嗽；

(5)口腔出现白色片状物,伴有吃奶困难;

(6)皮肤发硬或出现皮疹;

(7)发生抽搐或肢体肿胀;

(8)脐部红肿,分泌物过多。